❧ 特别感谢 ❧

2015 年重庆师范大学学术专著出版基金（项目批准号：15XCB05）；重庆师范大学博士启动项目（项目批准号：14XWB002）；重庆市博士后特别资助项目（项目批准号：xm2014133）；重庆市社会科学规划培育项目（项目批准号：2014BS065）；教育部新世纪优秀人才支持计划"多元文化互动与族群关系研究"对于作者学术研究的支持！

❧ 鸣谢 ❧

重庆师范大学科研处

重庆师范大学历史与社会学院

西南大学人事处博士后管理办公室

西南大学统筹城乡发展研究院

西南大学新农村发展研究院

西南大学中国乡村建设学院

重庆国学院

西南人类学文库 流域与族群互动系列

田阡/主编

手机

SHOUJI YU XIJIANG MIAOMIN DE SHENGHUO
CHENGXIANG ZHUANXING FAZHAN ZHONG
DE WENHUA CHUANCHENG

与西江苗民的生活：
城乡转型发展中的文化传承

费中正 ▎著

人民出版社

西南人类学文库

序　言

　　人类学于 20 世纪初被引进中国，其研究一度繁荣。1923 年，在美国哈佛大学人类学博士李济主持之下，南开大学建立了中国第一个人类学系。20 世纪 20 年代至 30 年代初，全国许多院校，如金陵大学、燕京大学、厦门大学、浙江大学、华西协和大学、大夏大学、中央大学、岭南大学、中山大学、复旦大学、东吴大学、光华大学、广西大学、华中大学、福建协和学院等校纷纷设立人类学研究机构，或者在社会学系中开设与人类学相关的课程。北京大学等校虽然没有设置系科，但也开设了人类学、民族学课程。抗战胜利后，暨南大学、清华大学、中山大学、浙江大学、辅仁大学先后建立人类学系。1952 年院系调整，国内各大学的社会学系、人类学系和民族学系先后撤销，人类学中研究体质的部分基本保留下来，但被归并到生物学或古生物学之下；研究人文与社会的那部分则被调整到历史学内，或以"民族研究"的名义得以延续。

　　20 世纪 70 年代末 80 年代初，人类学地位重新得到恢复。1981 年，中山大学复办人类学系，设民族学和考古学两个专业，同年获得博士授予权。随后，厦门大学也建立了人类学系和人类学研究所，设人类学、考古学两个专业。中央民族学院于 1983 年建立民族学系，1993 年该校成立民族学研究院，2000 年 9 月改名为民族学与社会学学院。中国社会科学院研究生院民族系于 1978 年成立，设有民族学与人类学专业，并于当年开始招收硕士研究生，1983 年起开始招收博士研究生。北京大学社会学人类学研究所成立于 1985 年 3 月，是一个以研究为主、教学为辅的机构。此外，云南大学、中南民族学院、湖北民族学院、广西民族大学、云南民族大学、贵州民族学院等一些综合性大学和民族学院（大学）也成立了人类学研究所或民族研究所，招收博士、硕士研究生。在中国，现阶段，本科开设人类学课程的只有中山大学及一些民族学院（大学）。截至 2009 年，全国共有二十多所高校院所在民族学、社会学一级学科下设立了人类学硕士授予点，北京大学、中国人民大学、清华大学、中央民族大学、中国社会科学院研究生院、南开大学、上海大学、厦门大学、中山大学 9 所大学设立了人类学博士点。其中，北京大学和中山大学的人类学专业被评为国家重点学科。2010 年国务院学位办将博士授予权下放到部分重点高校，一部分高校增设人类学博士点，如南京大学、哈尔滨工业大学等。

人类学研究这些年来在中国已经有了长足的进步，特别是 2009 年世界第 16 届人类学民族学大会在中国召开后，发展迅速。这主要表现在：一是越来越多的人类学、民族学机构的建立。根据相关的统计，研究机构已经超过 100 个，专业研究人员超过 5000 人。二是越来越多的高校建立起硕士、博士学位点，除了"985"高校外，部属和各省的民族院校普遍建立起学科点。三是各类学术活动亦越来越多。中国人类学民族学研究会是最大的学会，每年举办年会和学科单位负责人会议，其下属的各分委员会亦举行各种专题会议。民间团体"人类学高级论坛"每年举行年会和青年圆桌论坛，已经连续举办了 12 届，2013 年还首次在台湾地区举办了论坛。四是各类研究课题在国内外展开，尤其是海外民族志方兴未艾，各种专著、文章更是如雨后春笋层出不穷。

笔者认为重庆这片区域在人类学、民族学的发展中有着重要的地位。首先是重庆的地理位置，其位于中国的腹地，在习惯上称之为"西南"，实际上在中国地理位置上是中部偏东。地处长江上游，是青藏高原与长江中下游平原过渡地带，古往今来是兵家必争之地。其次，重庆是中国文明的发祥地之一，从200万年前的"巫山人"到农业起源时的新石器文化，从别具一格的巴国青铜文化到石盐生产中心。再次，重庆也是多民族聚居的地方，古往今来族群互动繁多，迄今还保留4个民族自治县（原来有6个民族自治县），分布着上百万的土家族和苗族人口。最后，重庆是中部经济核心地区，是铁路、公路、水运和航空的交通枢纽，是中国制造业、高科技、高等教育的核心区。当前重庆经济飞速发展带来的社会、文化急剧变迁，为人类学、民族学的研究提供了广阔的天地。

重庆自成为直辖市后，随着政治地位的提高，经济也获得了高速发展，可是人文社会科学的发展相对滞后。不过，我们欣喜地看到，西南大学作为重庆人文社会科学的重镇继续担当着领头羊外，重庆大学也建立起高等研究院和相关的社会科学研究院以弥补单纯理工科大学之不足。近来，人类学、民族学研究在重庆也有了欣喜的进步：首先是在西南大学建立了相关机构，开展人类学、民族学的研究，并招收相关专业的研究生。接着是在重庆大学高等研究院建立了人类学研究中心，聘请海外专家做中心主任，已经举办了相关的学术会议和人类学系列讲座。重庆文理学院也在开展文学人类学、文化遗产的研究，还承办了2013年人类学高级论坛。

重庆人类学、民族学研究的进步与田阡及所在团队的努力是分不开的。本丛书的出版正是该团队近年来研究成果的集中显示。从本丛书看其研究在如下几个方面是有所突破的：

田阡的团队立足武陵山区与乌江流域，以区域自然与人文生态为基础，关注非物质文化遗产的文化基础，将文化总体特征与多样性相结合，开展非物质文化遗产与区域文化互动关系研究。同时，运用区域研究的方法，坚持整体观与跨文化比较的研究取向，基于非物质文化遗产研究的视角，以教育部人文社会科学研究项目"龙河流域区域文化与族群关系研究"和文化部民族民间文艺发展中心项目"中国节日志·春节（重庆卷）"为依托，对该区域文化的共同特征和多样性进行了系统的研究。
首先，对区域文化进行具体的分类研究。将区域文化分为民族艺术、民族
体育、民族音乐、民族手工艺、民族舞蹈等方面，从民族文化形式、内
涵、传承、文化产业等角度对不同的民族文化作了专题调查研究，凸显民
族文化的多样性，探讨非物质文化遗产的文化根基及传统文化在非物质文
化遗产保护中的应用。其次，运用人类学的进化论、整体观等理论与方
法，通过多点式田野调查，对该区域的非物质文化遗产进行了系统的比较
研究。最后，对区域文化开展总体性特征的研究。在大量田野调查的基础
上，从生计方式、价值体系、社会风尚、行为规范和制度体系等角度，对
武陵山区和乌江流域的区域文化作综合分析，总结该区域文化的基本特征
与文化价值。

　　田阡的团队以都市为研究场域，以城市化进程中新的社会文化现象为
基础，以族群流动与互动关系为研究对象，开展了丰富的都市少数民族社
会管理问题研究。区域文化的整体性与多样性是在族群互动的基础上形成
的，在关注区域文化研究的同时，依托国家社科基金项目"西部地区少
数民族农民工生计模式与身份认同研究"，展开都市族群关系问题研究。
该研究的创新之处在于突破了原有流域个体、单一民族研究的思路，通过
社区研究对族群互动关系的多样性作了综合分析，推动了学科互动研究。
他们对大都市的散杂居状态进行了深度剖析，利用科塞提出的社会安全阀
理论，创造性地将城市民族事务部门定位为城市民族工作的"安全阀"，
指出城市民族事务部门应充分利用自身各种优势，在日常管理和突发事件
应急处理等方面，发挥资源动员和服务传递的职能，充分发挥"安全阀"
的疏导、转化和催化作用，推动城市民族工作的顺利开展。

　　田阡的团队将田野调查与文献分析相结合，关注历史上地方社会与国
家的"中心与边缘"互动关系，开展了卓有成效的族群与区域文化的历
史人类学研究。在已有的区域历史研究基础上，通过历史文献的分析和大

量的田野调查，从文化生态的角度对不同民族和不同区域的生活状况进行了研究和评价，对地方社会与国家之间的互动关系进行了创新性的、历史性的演绎与归纳。同时，以历史事件的反思关照现代地方社会发展的问题，对民族地区社会发展进行了分析，为解决当前的民族关系问题提供了更加系统的理论支撑和明确的决策参考。如运用人类学的理论与方法，以苗疆社会自身为研究视角，从苗疆民众的日常生活分析出发，对苗疆民众的日常生活进行了全新的理解与评价，为西南边疆与民族历史问题研究提供了新的研究思路。该成果凸显了民间组织与民间行为规范的社会价值，对于解决中国基层社会的现实问题，维护基层社会的社会秩序提出了新的路径，推动了社会主义和谐社会的建设。

田阡教授嘱我为西南人类学文库写个序。犹豫再三，还是答应下来。田阡十多年前就读于我的门下，毕业后去了西南大学。在那里，他将人类学理论与应用相结合，将学术研究与学科建设相结合，在人类学基础薄弱的重庆打出了一片新的天地，特别是在流域人类学领域所做的研究和思考更有新意。当老师的最高兴的莫过于学生能够做出成绩。这也是我愿意写序的原因。最后，祝愿田阡的团队能有更多的成果问世，祝愿重庆的人类学有着美好的明天！

徐大慰

2013 年 11 月 27 日

重观西南：走向以流域为路径的跨学科区域研究

学术从来不是静止的，我们的探索永远是理论和实践上的无尽开拓。无论做哪一学科的学术研究，方法都是非常重要的。英国社会人类学家利奇（E. R. Leach）在其代表作之一《缅甸高地诸政治体系：对克钦社会结构的一项研究》中提到人类学研究中的"蝴蝶论"：当时很多研究者的工作，就像搜集各种蝴蝶标本一样去搜集各种人类文化现象。他认为这些文化现象搜集得再多、再全，如果不去深究"蝴蝶"的归类、"蝴蝶"的演化等问题，对我们认识人类社会就没有多大帮助。同样，我们回头去看弗雷泽（James George Frazer）强调在古典人类学家泰勒（Edward Burnett Tylor）的基础上要对比较方法进行革新，放弃使用先验的阶段论，转而做共时的比较，从而看到事物和事物之间的关系，这样就可以理清一条认识事物，进而认识人类社会的主线出来。

一、方法论转向：从社区研究到区域研究

源于结构功能学派社会人类学的社区研究，作为一种方法论，长期以来都是人类学研究的基石，为人类学这门学科的世界性的发展作出了不可磨灭的贡献。但事实上，只要对学术史稍作梳理即不难发现，社区研究本身也经历了一个动态演化的过程。在人类学传统的社区研究中，其实存在

着"社区研究"和"在社区中做研究"这样两种研究取向。一直以来，大多数的中国研究专家都传承了人类学民族志的传统，将社区视为可操作单位，对其进行"麻雀解剖"，以期代表中国，至少代表中国社会的一种"类型"或"模式"。然后试图通过类型比较方法达到对中国整体的认知。

费孝通先生在后来的《云南三村》序言中反思《江村经济》，承认《江村经济》做的是社会调查而不是社会学调查，他在《云南三村》中的类型比较努力，可以看作是对"利奇之问"的回应。这段学术公案众所周知。利奇质疑费孝通先生的社区研究方法，"在中国这样广大的国家，个别社区的微型研究能否概括中国国情？"[1] 费孝通先生坦承"江村不能在某些方面代表一些中国的农村"。但他认为，"如果承认中国存在着江村这种的农村类型，接着可问，还有其他哪些类型？如果我们用比较方法把中国农村的各种类型一个一个地描述出来，那就不需要把千千万万个农村一一的加以观察而接近于了解中国所有的农村了。通过类型比较法是有可能从个别逐步接近整体的"[2]。这样一来，我们的研究就不再仅仅是"对社区的研究"，而进入了"在社区中做研究"而且是做更大范围或规模研究的新视野。在这种类型比较法的信念下，费孝通先生从"江村"走到"云南三村"走到"中国小城镇模式"乃至"区域社会"，为理解中国奉献了毕生精力。这种研究传统至今仍然在人类学和社会学的实证研究中有着重要的地位。在其影响下，我们的研究不但要思考整体与局部、一般与特殊、宏观与微观的链接，而且事实上还是一种加入了他者文化关怀的研究。一方面，区域社会的地方知识体系在支撑着"传统"或"他者"意义上的民族文化；另一方面，地方性的问题已经成为国家治理技术和世界政治经济体系在地方社会中实践和权力展演的空间。

作为研究者，我们既要时刻警醒自己将自身的世界当作众多世界中的

---

① 费孝通：《人的研究在中国：个人的经历》，《读书》1990年第10期。
② 费孝通：《人的研究在中国：个人的经历》，《读书》1990年第10期。

一个，寻找他者历史与社会的独特运行逻辑，同时也要"追问流行于不同的地理单位中的宇宙观在互相碰撞的过程中如何保持自身的'不同'"①。

区域研究是人类学重要的组成部分，无论是在人类学学科起源和兴起的过程中，还是在人类学学科理论与学科流派的形成中，都具有举足轻重的作用。其主要目的在于通过区域个案的研究来认识区域整体。在全球化时代，人口的大规模流动使原有区域研究的理论与方法遇到严峻的挑战。尽管如此，人类学区域研究的重要性却从未动摇过。区域研究的理论和方法，只是比以前更加强调人类学理论上的批判性和人类学田野调查的科学训练而已。

二、对象转向：从族群研究到流域研究

人类学家周大鸣教授曾指出，族群的认同必须在族群之间的互动过程中去探讨，在与世隔绝的孤立群体中，是不会产生族群认同的，至少族群认同是在族群间互动的基础上发展起来的。经过认同和互动过程的族群关系呈现的是多元模式局面。② 事实上，包括地域性在内的现实认同在具体的时空下也是重要的族群认同操作工具。生活在同一区域的群体在新的历史条件下，不断受到政治的、市场的、历史记忆和社会结构等因素的影响而使族群认同和族群文化处于动态的变迁之中，这是历史的建构过程，也正在现实中发生着。

孤立的群体研究方法也无法把握族群之所以形成自我认同的过程。族

---

① 王铭铭：《人类学：历史的另一种构思》，载王铭铭主编：《中国人类学评论（第9辑）》，世界图书出版公司，第55页。

② 周大鸣：《动荡中的客家族群与族群意识：粤东地区潮客村落的比较研究》，《广西民族学院学报（哲社版）》2005年第9期。

群文化归纳，如果缺乏时空格局意识，就会忽视地方社会的族群关系、地域关系和历史情境之间的关系，从而造成对区域文化地方性差异以及差异形成过程的关注的不足。

以空间、历史与族群互动为视角的区域研究，并不是单一的区域史，而是人类学上文化整体观和比较研究传统的延续，也是对中国地方社会研究中历史研究取向和区域文化研究取向相结合的进一步深入。这种研究视角以发现具体历史社会情境中地方社会与族群社会的关系为目的，去揭示国家、社会、地域、宗族、个人等多层次的社会力量在多样性的具体"历史真实"中的整合以及民间生活中"文化创造"的多样性，并最终以"过程民族志"的方式展现传统中国社会的运作机制。① 对于中国历史文化局部整体性的把握，是对中华文明总体整体性进行理解的必经阶段和重要步骤。因此将族群文化研究与地域进行结合，将族群与族群互动嵌入具体的时空轴进行审视就显得尤为重要。

地理自然环境因素天然地对区域社会形成具有形塑作用，而经济、政治、文化关系是区域社会形成、分化和变迁的重要基础。同时，把握地方社会形成及变迁所需要考察的区域族群关系、政治层级、经济关联、地理空间等社会结构性界线都包含在区域社会之中而不是以族群为边界。作为族群互动的具体时空座落，区域社会正是进行地方社会文化研究的可操作单位。它有可能突破传统研究重视客观文化表征，忽视地域关系、族群关系的局限。

从这个意义出发，我们的研究不应拘泥于族源、客观文化表征以及单一族群历史方面的考察，而应将其作为资料性素材，重点通过对区域空间内的族群文化与族群关系的把握，从河流区域与族群文化角度对族群研究进行田野调查和理论层面的探讨。

---

① 彭兆荣：《边际族群：远离帝国庇佑的客人》，黄山书社 2006 年版。

流域，正如龙宇晓教授所言，"是以河流为中心的人—地—水相互作用的自然—社会综合体，以水为纽带，将上中下游和左右岸的自然体和人类群体连接为一个不可分割的整体，在人类生活世界的本体系统中具有十分重要的地位"①。从某种意义上来说，流域是群集单元，是世界本体的一部分。用地理学的说法，流域是一条一条的河流和分水岭形成的山水基线；从文化的发生角度看来，流域就是一条条的文化赖以起源、演化、传播、交融与发展的时空通道；从整体观的视角看，流域还是一个体系架构，由大大小小的流域线条网络形成一个个的区域扇面。就社会内涵角度而言，流域是一个问题域，集结了诸如生态、人口、资源、民族、族群关系等各方面的问题；从方法论角度讲，流域则可以作为一种认知范式，从流域的角度看待问题，可能和过去泛泛地看待问题是不一样的。如果我们能用流域的方法，从流域的角度看问题，肯定能够发现以往我们不能发现的很多知识的盲点。

流域是世界本体的一部分，这与流域的性质有关。流域在国外的理解各有不同，有广义的 valley，还有一个狭义的 watershed，即分水岭。希罗多德曾说"埃及是尼罗河馈赠给人类的厚礼"，深入理解他的话，可以说整个人类的文明都是和流域有关系的。马克思说"尼罗河水涨落启示，诞生了埃及数学"，可见流域不仅仅是文化的问题，也与地方知识、科学知识有关。流域重要性在于它既是自然资源的群集单元，也是文化多样性的承载单元，更是我们认识社会的一种方式。顺着河流，就有物的交流、人口的流动、文化的传播和分布。流域作为一种系统的架构，是一个人、地、水互动的复杂系统，从中可以分成很多子系统，可以在这个系统层面发现很多现实问题，诸如生物多样性的问题、传统知识的传承保护的问题等。从这个角度来说，通过流域的视角，我们能够在研究中不断发现新的

---

① 曾江：《作为方法的流域：中国人类学研究新视角——流域人类学大有可为》，《中国社科科学报》2015 年 6 月 9 日。

资源，给老的问题赋予新的意义，并最终解决这些问题。

作为范式创新的一个出发点，流域研究可以帮助我们超越以往点状认知的局限性，超越现在人类学区域研究上一个个民族志点之间缺乏关联的局面，还可以超越"边缘—中心"的理论范式。正因为如此，流域人类学作为一种跨学科的研究，能够极大地帮助我们实现文化整体观照的目标；流域的研究、流域的视角、流域的方法，或许能够真正推动人类学成为一套完整的知识体系。

三、空间转向：从东南研究到西南研究

中国研究的空间转向经历了从西南到东南再回归西南的历程。如西南彝学研究的现代学术确立开端于中山大学人类学系的杨成志先生。20世纪的20-30年代，专业的社会学和人类学家开始进入西南地区，进行民族社会调查，留下许多重要的调查成果。中山大学人类学系先驱杨成志先生在1928年9月至1929年5月，孤身深入凉山进行民族调查，后来结合云南的一些调查撰写了《云南民族调查报告》，被称为"我国西南民族调查的先导杰作"，后来出版的论文集《云南罗罗族论丛》被称为"罗罗研究的第一本巨著"。[①] 此外，袁家骅、李仕安、江应樑、陶云逵、林惠祥、芮逸夫、马长寿、林耀华等诸多民族学和人类学大家都曾进行过西南地区社会文化调查和研究。他们融会贯通，将人类学、民族学、民俗学、社会学、政治学、经济学等数门学科的理论与方法整合运用，写就了一批经典之作。相比于华北农村研究和东南宗族研究后期崛起，西南族群研究的传统曾一度陷入低潮。随着费孝通先生于20世纪70年代末以后提出关于

---

① 王水乔：《杨成志与西南民族研究》，《云南民族学院学报（哲社版）》1996年第2期，第55页。

"藏彝走廊"的论述，人类学研究的目光又逐渐回到西南。

自 1980 年民族学人类学学科重建以来，西南研究的"区域研究"特征也日益明显。特别是 1981 年"中国西南民族研究学会"的成立，更标志着西南研究区域视野与实践的开启。在该学会的推动下，西南研究的学术力量被整合组织在一起，进行了一系列"流域""走廊""通道"等具有较强区域性研究特征的专题调研，如横断山区六江流域、西南丝绸之路、贵州"六山六水"、南昆铁路沿线、茶马古道、藏彝走廊等研究，从而开启了学科重建以来西南研究的第一次高潮，并取得了显著的成果。①

人类学的区域研究曾经在村落个案的基础上，由国外中国研究者和台湾学者先后提出了市场体系理论、祭祀圈理论和历史人类学华南研究理论等范式，将连接一个个村落的关键，或认定为村庄集市网络内的交换关系，或认为是为了共同的神灵信仰而举行的祭祀活动的居民，或归结为某一特定区域范围内的宗族、信仰及社会整合。② 这些研究范式各有所长，也各有其缺陷，这些缺陷中的共同之处在于：都只能解决相对较小范围内的区域研究问题，一旦将其置换于其他环境之中，就会遇到严重的"水土不服"情况。在实地的调查和研究中我们发现，地理自然环境因素天然地对区域社会形成具有形塑作用，而经济、政治、文化关系是区域社会形成、分化和变迁的重要基础。同时，把握地方社会形成及变迁所需要考察的区域族群关系、政治层级、经济关联、地理空间等社会结构性界线都包含在区域社会之中而不是以族群为边界。作为族群互动的具体时空座落，区域社会正是进行地方社会文化研究的可操作单位。

---

① 张原：《"走廊"与"通道"：中国西南区域研究的人类学再构思》，《民族学刊》2014年第 4 期。

② 周大鸣、詹虚致：《人类学区域研究的脉络与反思》，《民族研究》2015 年第 1 期。

　　结合区域研究和西南研究的新传统，我自进入西南大学以来带领团队在龙河流域开展了持续性的区域田野调查和民族志写作。龙河发源于鄂渝交界处的重庆市石柱土家族自治县黄水国家森林公园冷水镇李家湾七曜山南麓，全长 164 公里，天然落差 1263.3 米，其中在石柱境内有 104 公里，是石柱境内最大的河流。龙河流出石柱县后，在丰都县王家渡注入长江。龙河穿越石柱和丰都两县 20 多个乡镇，因流经石柱县城南宾镇，绕城三面，龙河在石柱县内又称"南宾河"。龙河流经的地区地处鄂渝交界地，当楚黔之交，控楚连黔，襟带湘境，自古为洪荒之地，是巴蜀古国最边远的山区，古称"九溪十八峒"，也是土家族的祖先古代巴人的聚居区。我和我的团队对龙河的人类学研究是从《冷水溪畔》开始的，陆续有《万寿山下》《沙子关头》《龙河桥头》《边城黄鹤》等传统村落的系列调查研究，还有《"边缘"的"中心"》等呈现族群互动的系列研究，以及流域内的文化遗产与非物质文化遗产研究。至此，一个以流域为路径的西南区域研究的新人类学空间正在凸显。在冷水镇开展田野研究的意义在于它是贯穿石柱县的龙河的源头，也在于它已经被置于流动和发展的背景之中，需要尽早地描述和挖掘。而在西南地区流淌着很多与龙河一样的小流域，都存在着一个个相对独立的族群多样社区，对学术研究的标本作用以及田野调查方法的训练都是一个很好的实践场域。我们期待能通过做一条河流的上、中、下游不同社区的研究，构建起对该流域的整体性的文化和社会认识，继续寻找文化的相似性和社会发展的多样性，也为武陵山区和西南的多流域研究拓宽、拓新思路与方法。

　　面对新时期全球化浪潮下对人类学区域研究的迫切呼唤和相关学科领域的理论失语，在费孝通先生的中国区域研究蓝图和中山大学人类学系的岭南研究与珠江流域研究的基础之上，我们总结七年来集中于西南地区的流域研究的理论与田野，初步得出了一些关于人类学区域研究，尤其是中国西南山区人类学区域研究的规律与方法。

四、学科转向：从人类学洞见到跨学科协同

流域文明不仅是流域文化、流域历史，更应关注现实的流域治理问题，进而参与到国家治理能力和治理体系现代化的讨论中去，因此，挖掘流域文明，其根本目的应该是更好地从点、线、面三个层次上为社会治理提供理论指导。

第一，流域文明凝聚社会治理的文化意蕴。水是流域文明的主体，水的特性在于它的流动性和循环性。水的流动性体现在它最一般的液态，水的循环性体现为它在"三态"间的转化。水在沸点化为气态，在冰点结为固态，但是无论如何蒸发和凝结，它都在循环往复之中保持自身的存在。水也在"三态"转化之中实现着自身的充斥和弥漫。一地一域之水受到污染，水的流动性就会促使污染在更大范围内持续扩散；一堤一坝存有缝隙，水就会在引力作用下发挥出"柔弱胜刚强"的特性；水库不坚，水道不通，暴雨积累起来的洪涝就会引发灾难；水源的开通、引调、提升的不足则会引发缺水困境；水管查漏减损、废水再生利用和雨水收集的工作不济，就会造成水资源的浪费。水的这些特征，决定了治水思维的系统性和治水形式的协同性特征。水的文化产生于人与水的历史互动性实践中，内涵在世界文化、民族文化和地域文化之中。人类在用水、治水、护水等实践中不断构建文明史，在渡河、越江、航海等活动中不断构建世界历史。从中华民族范围看，松花江、辽河、海河、黄河、淮河、长江、珠江以及东南、西南、西北地区诸河流域，孕育了先哲对水的哲学思索，凝结了历代水利工程的科技文化，汇聚了各朝文人对水的人文赞美。

第二，流域文明突显社会治理的系统关联。水是人类的生命之源，但是其发挥功用需要依靠人对于水的规律的科学把握。山水林田湖之间的辩证运动构成生态系统，水的规律即是在生态系统中发挥作用。在人类社会

快速发展进程中，人们对于自然界的作用逐渐多样化，导致水的规律发挥的作用机制也变得日益复杂化，人们治水的机制也日趋系统化。科学发展观的基本要求就是全面协调可持续，因此治水必须具备统筹协调的战略思维。

第三，流域文明反映社会治理的本质属性。人对水的治理体现的是人通过物质实践以文明的形式获得对以水为代表的自然资源的利用和驾驭能力。治水直接反映的是人与自然界的关系，同时也反映了人与人、人与社会的关系。人类为了维持自我生存与生活，对于水的实践形式包括探寻水、储存水、去污水等。生产力低下的时代，人类以傍水而居作为寻找充沛水资源的最直接方式，因此早期人类文明几乎都起源于各种大型河流。丰沛的水源有助于化解供水与节水的矛盾，但是也带来了洪水和涝水的矛盾，因此，以泄洪水、排涝水为核心内容的治水也几乎成为所有早期人类文明面临的必要任务。随着人类文明不断发展，人与人、人与社会的协作成为人类利用和驾驭水资源的重要形式，人们在治水中不断探索和改进社会管理和治理的机制，以便更加积极有效地应对水的问题，实现人与水的和谐相处。

因此，在这一系列理念体系统领下，我们下一步的计划是以流域为主题开展历史学、社会学、人类学、民族学、考古学、公共政策、农业科技史等多学科对话的系列研究，并将研究成果付诸具体社会治理问题的实践。除了流域人类学理论和方法的研究，我们计划从历史流域学中西区社会治理的历史经验，并将研究对象拓展到跨境流域研究与跨境社会治理方面，分别从三江源地区的流域生态学、珠江流域宗族与族群、松花江流域的农业人类学、大运河的考古与治水历史、武陵山地区多流域切入，探讨复合的人-地-水系统中的社会治理问题，最后将流域与社会治理的理念上升到生态美学的人地和谐与社会哲学的天人合一层面。

我们期望今后能够通过"流域"这个突破行政区划限制的概念，加强国内跨区域之间的合作，并深入持续地与国际学术界开展以流域文明比较研究为主题的与学术对话，使我们的研究更好地发挥其作用，使我们的学术更进一步地融入世界主流。

是为序。

田　阡

2014 年 12 月 28 日

于西南大学

序

欣闻中正君的博士学位论文经修改后将由人民出版社出版，高兴之余，应作者的邀请作序，愿将自己近年来的一些研究想法借这个平台向大家做一些阐释。

我们所处的时代，是一个现代科技产品，尤其是高新技术产品正通过市场化的方式迅速大众化、普及化的时代。科技产品迅速进入寻常百姓家庭的生活，已成为普通百姓日常生活中不可或缺的一个组成部分。"科技影响生活！""科技改变人类的命运！"这些已不仅仅是一些宣传上的口号或理念，而是一种千真万确的社会事实。可惜，我国社会学界、人类学界目前对技术，尤其是高新技术通过市场化方式日益大众化、普及化后如何影响社会，如何影响人们的日常生活方式等方面的研究和关注还远远不够。

与我国高新技术日益大众化、普及化几乎同时出现的是 20 世纪 90 年代以来，我国社会出现了两种史所未有的主动性的社会大流动现象：一是先后有两亿多乡村青壮年村民自发地流动到城镇工作和生活（尽管大部分是非长期性的），被学术界称为"农民工现象"；二是有数量越来越庞大的城镇居民利用节假日自发到乡村旅游，体验不同于都市的乡村田野生活（尽管也是短期性的）。这两种性质不同的人口大流动，毫无疑问会展现各自不同的生活方式，也毫无疑问地会带来不同文化之间的接触、沟通、交流和碰撞。对于"农民工现象"的研究，学术界的成果已经很多，但城镇居民下到乡村旅游和打工村民返乡创业对乡村社会和村民日常生活方式影响的研究，学术界中有影响力的成果却不多见。

中正君本科毕业于郑州大学社会工作专业，后入云南民族大学攻读人类学硕士学位，对于社会学、人类学的基本理论和研究方法研习颇有心得。2009 年 9 月至 2012 年 6 月在门下攻读社会学博士学位期间，他循着上述思路，利用硕士阶段的优势，把研究目光聚集到了我国南方少数民族地区社会现代化问题的研究上。为此，他曾两次到贵州布依人村寨、苗寨、侗寨做艰苦、细致的田野调查工作。他的博士论文以黔东南地区雷山县西江苗寨青壮年村民手机使用为主要线索，结合西江苗寨的乡村旅游开发和返乡村民的创业生活，探讨了现代化进程中西江苗民日常生活方式的变迁及其现代性因素影响等问题，文中内容鲜活、案例生动、理论分析得当、结论有较强的说服力和一定的新意，从一个缩影很好地展现了我国现代化进程中乡村草根社会的形貌，得到了评审和答辩专家的一致好评。

现代性问题，是学术界一个十分复杂、迄今尚未完全能够将概念和内涵厘定清楚的问题。作为一种被进步主义和发展主义思想所主导的现代性，毫无疑问它是与我们通常所说的现代化进程密切相关的。现代化进程首先带给人们的体验是物质和技术的进步，并且将这种进步或迅速或缓慢地融入到人们的日常生产、生活之中。其次，在物质丰富、技术进步和与外界建立逐步交流的基础上，人们的思想、价值观念和行为方式开始发生了变化。以享乐和审美为生活主旨的消费主义，以理性主义为标杆的思维方式，以民主、自由、人权为社会治理诉求的现代生活方式，使人们有了一些从未体验过的生活经验，并使人产生一些前所未有的生活想象。再次，在新的生活理念和价值观的指导下或在新旧两种生活理念和价值观的碰撞中，人们的日常生活方式开始发生前所未有的变化，在反复磨合中逐步形成与现代生活合拍的现代文化和现代化生活方式，进而进入完整的现代化社会。电视、电话（手机）、电脑的下乡以及乡村村民进城打工和城镇居民的下乡旅游等等，都是足以对我国乡村社会迈向现代化进程产生重要影响的诸多现代性因素中比较突出的元素，社会学家、人类学家理应对此抱有积极、敏感的态度，主动加以密切地关注和较为深入的研究。中正君这部著作的出版，就是对此研究和关注作出的积极回应之一。

当然，中正君还很年轻，对于"科技影响生活"的研究也才刚入堂奥，著作中自然难免会有肤浅、错误和不当之处，尚祈方家不吝批评指正。同时，也希望中正君能借此著作出版的东风，砥砺奋进，在今后的研究中百尺竿头更进一步，取得更大的成绩。

是为序。

孙秋云①

2015 年 12 月

---

① 孙秋云，男，1960 年生，华中科技大学社会学系教授，城乡文化研究中心主任，主要研究方向：城乡文化研究。

目　录

导　论

一、研究背景

学者们展现了一幅中国农村现代化的图卷，这是本书故事开始的地方，西江只是图上的一个点。

在中国农村，生活就是政治。回顾 20 世纪以来中国农村的政治生态，你会发现农村并非"世外桃源"：大文化传统的植入与衰落、边缘人物的中心化、政治的全能化、政治的"消失"……这种逐渐褪色的政治，今天完全融入了农民的生活。① 市场转型与权力的改头换面，使我们看到西江苗民如何在市场竞争环境中上演着社会阶层流动的一幕幕，而权力会被那些新贫、新富们挂在嘴边。

大多数中国农村都"人去村空"。每年春节农民工返乡成为政府、媒体、公众关注的焦点。农民为什么在城乡之间流动？实际上，精耕细作既是我们中华民族农业劳动者智慧的结晶，又伴随着效益递减。② 在 1978年之前的六个世纪，中国农民就是这样在一小块一小块的土地里生生不息。1978 年以后，在土地效益递减与人口压力之间，中国的改革开放像一股春风，吹走了把农民系在土地上的绳索。打工经济下的农民工活跃于

① 参见吴毅：《村治变迁中的权威与秩序：20 世纪川东双村的表达》，中国社会科学出版社 2002 年版。

② 参见黄宗智：《华北的小农经济与社会变迁》，中华书局 2000 年版。

城乡之间，成为推动农村经济现代化的一个不容忽视的力量。在西江，人们津津乐道的就是各自甘辛的打工生活，"找钱"不仅是他们的能耐，而且是一种责任。

往返城乡之间自然流露出乡愁。乡愁是一种文化表达，我们追求这种久违的情感，就是因为我们对地理、时空的感觉没有了，家、家人、乡亲、乡情……这种乡愁来自特殊地点对原本属于这个地点的人的牵拉效应。在中国农村文化现代化过程中，家是一个重要的载体，光宗耀祖、儿孙满堂、房前屋后、少小印象……例如家族的生发、兴旺、衰败。① 西江苗民的家族文化深厚，如果运气好的话，游客能够现场体验真实的苗民家族聚会的场面，那时，我们才会明白为什么西江苗民总是有一股韧劲，这是情感的力量。

家是永远的话题。中国农民的日常生活主要以家为中心，1949 年以来，农民及其家庭都发生了一些改变，这些变化可以从日常生活里窥见：从自主到浪漫的择偶方式、婚前的浪漫革命、婚后家庭的隐私化以及财产由家庭向个人权利的转化等②。西江苗民说红白喜事是最重要的，除了随礼③，人必须得到。所以，他们的生活还不算太无聊，虽然处在地理的边疆，却是生活在文化的中心。可这一切随着西江旅游时代的到来而具有不确定性。

中国农村的这些变化，关键是人。农民在经历了平均主义、保守主义、狭隘主义、封闭主义之后，又经历了职业观念多样化、宗族血缘观念弱化、政治意识增强的革命阶段，以及徘徊的大集体阶段，随着农民现代

①　参见林耀华：《金翼——中国家族制度的社会学研究》，庄孔韶、林宗成译，生活·读书·新知三联书店 2008 年版。
②　参见阎云翔：《私人生活的变革：一个中国村庄里的爱情、家庭与亲密关系（1949—1999）》，上海书店出版社 2009 年版。
③　参见阎云翔：《礼物的流动——一个中国村庄中的互惠原则与社会网络》，上海人民出版社 2000 年版。

性的增强与传统性的复活，被冠以边际人的失范性角色。① 西江苗民也有讨人嫌的时候，那个时候的人最真实。但是，我们总会用他们积极的一面去消解这种真实。后来就会发现，他们就是我们，只不过生之养之的地点不同而已，这是人性。

中国农村的政治、经济、文化、生活、个人……被研究者一针一线地勾勒，而西江这个"点"，也会被我们的故事所描绘，它的政治、经济、文化、生活、个人……本书在中国农村现代化图景中，试图通过特殊的视角，去观察、记录西江苗民的生活。

选择西江是因为其典型。西江很"土豪"，它会出现在每天晚间七点新闻之前的那几分钟广告画面里；美国人类学者声称她发现了西江的美；西江苗自己反思：为什么过去只知道出去闯？西江苗民开创了一个新的生活；……如果使用概念来表达这种典型的话，西江发展民族文化旅游、苗民城乡流动与社会变迁构成了一个具有吸引力的话题，西江苗民的生活彰显了中国民族地区城乡转型发展与文化传承。

而一开始，我们更关心苗民手中的手机。为回应现代信息传播技术的社会影响问题，2010 年 7 月至 8 月，"手机与当代贵州乡村生活研究"课题组翻山越岭，来到贵州，去了三个实地研究的地点，初步搜集了关于手机使用、手机与乡村生活关系及手机评价等问题的数据。等回到武汉，我们就在思考一个问题：苗民手里的手机究竟给他们的生活带来哪些变化？

这个问题难倒了我。有学者认为，西江的故事并没有真正回答这个问题。他给出的理由是，如果我们把关于手机的材料统统去掉，那么西江的故事仍然是完整的。换言之，手机与西江苗民生活的一系列变迁的关系是模糊的，为了突出手机之于变迁的参与性，同时回避手机作为自变量对西

① 参见周晓虹：《传统与变迁——江浙农民的社会心理及其近代以来的嬗变》，生活·读书·新知三联书店 1998 年版。

江苗民生活产生的影响，所以，在读者看到的这个版本里，我改变了一开始的问题。

苗民手里的手机究竟给他们的生活带来哪些变化？这个问题确实难回答。这是我们遇见的几乎每一个苗民都感到难以回答的问题。他们更愿意讲以前在城市里的打工生活，那个时候他们的家乡怎么样，现在他们的"旅游故事"，……所以在那时，我就暗自转变了问题的导向。手机如何逐渐走进西江苗民的生活，与手机相关的话题给我们带来哪些有意思的话题？

手机是如何逐渐走进苗民生活之中的？西江的生活发生了哪些让人印象深刻的改变？未来西江会走向何方？第一个问题是我们的初衷，后来这个问题被我们当作一条线索，通过这条线索，我们看见了西江苗民经历的一系列社会变迁，通过这条线索，让西江的苗民开始反思自己开创的这条道路究竟该指向何方？所以，在手机与西江苗民的生活的探讨中，发展民族文化旅游、城乡流动是关键环节，而城乡转型发展中的一系列问题与苗民文化传承息息相关。

（一）发展民族文化旅游是现代化的一种方式

关注文化接触和由此引发的文化变迁是人类学的一个传统。人类学者加入旅游研究似乎也源于这种对文化变迁的兴趣。这些对变化非常敏感的人类学者发现，旅游在他们所研究社会的发展中，作用相当复杂。1963年，人类学者努涅斯发表了一篇论文，论述一个墨西哥山村开展周末旅游带来的影响（西方学者一般将其当作人类学者加入旅游研究的标记）。20世纪七八十年代，研究旅游对目的地社会、文化的影响是旅游人类学的主流。早期的（旅游人类学）研究常常是描述性的（理论研究相对少），并倾向于考虑旅游对目的地社会到底是益是害这一简单化的价值判断。以人类学观点看问题的人大多对旅游的影响持否定态度。当然，可能由于人类学者过于关心文化交往中处于劣势位置的人民，太想帮助正在经历社会、文化变迁的目的地人民，也可能是受到新马克思主义依附理论的影响，早期的人类学者一般都否定旅游开发的价值。①

当然也有一些早期研究者对发展旅游持肯定态度。任何学科走向科学化的第一步是形成客观全面的分析方法。到了20世纪70年代末，学者们觉得这种以单一思维的方式进行的简单价值判断远不能适应复杂的社会情况。以较为客观的态度思考问题的人越来越多。②

从旅游对目的地社会、人民的影响的视角出发，人类学者认为旅游是一种"涵化"和发展形式，它使目的地的社会文化发生变化。应该说，把旅游看作一种"涵化"和发展的形式起源于人类学一贯的全局性观点。人类学通常认为，社会文化体系中的各因素都是相关的，其中某些因素的变化必然会导致另一些因素的改变。另一方面，为了阐明这些变化是如何发生的，人类学者从经济学中引入"连锁反应"概念，……"示范影响"是人类学者使用的另一概念，指"游客"以及与其相关的事成为目的地人民的效仿对象，它改变了当地人的价值观念、影响了当地文化。③

如今学者使用得最多的概念是"商品化"，指"旅游"使目的地社会关系深受市场交换规则的影响，目的地一切吸引游客的东西都可以标上价格，在市场上买卖。"内化"（社会化）、"社会矛盾"（社会冲突）、"适应"等人类学概念在旅游研究中也被大量使用。另外，"分解""复兴"等概念也开始用于旅游影响研究。我们可以清楚地看出，对旅游影响的研究有一个不断深入、完善的过程。20世纪90年代，学者们提出"替代性旅游"一词，提倡某些对当地环境、文化和社会影响较小的旅游形式。

①　宗晓莲：《西方旅游人类学研究述评》，《民族研究》2001年第3期。
②　宗晓莲：《西方旅游人类学研究述评》，《民族研究》2001年第3期。
③　宗晓莲：《西方旅游人类学研究述评》，《民族研究》2001年第3期。

90年代以后，旅游的可持续发展问题也进入学者们的视野，他们开始思考如何达到社会文化方面的可持续发展。[1]

值得一提的是，许多社会文化影响研究的对象都是民族旅游地。民族地区的自然风光、人文景观、风俗习惯、民族艺术和手工制品等都有独特的特点，吸引了大量的游客。而这些"独特"之处往往又正是"脆弱"之处，在外来文化的压力下，很容易地发生变化。由于与外界不断接触，他们原有的文化越来越接近周围的主流文化，但同时，旅游加速了当地文化与外来文化交融的步伐，引入了新的文化因子，因而也有一些人类学者认识到了旅游的正面作用。值得强调的是民族旅游影响研究更加注重文化方面。[2]

旅游的社会影响研究一般来说大多是以案例为主的经验研究，这些研究从正反两方面分析旅游开发对目的地社会的经济、环境与社会文化等方面的影响，如表0-1所示。[3]

表0-1 旅游发展对接待地的正负面影响

	积 极 影 响	消 极 影 响
经济	赚取外汇、平衡收支 带动地方经济、增加税收 提供就业机会 增加居民收入、提高生活水平 增加基础设施投入 改善经济结构、增加企业投资 增加购物机会和场所	价格上涨、通货膨胀 物资与服务短缺 房产与地价上涨 资产物业税增加、生活费用上涨
环境	保护自然环境 维护生态系统平衡 保护古建筑与文物史迹 提升地方形象	交通堵塞、客流拥挤 空气与水污染增加 噪音与果皮纸屑污染增加 破坏野生动物生存栖息环境

---

[1] 宗晓莲：《西方旅游人类学研究述评》，《民族研究》2001年第3期。
[2] 宗晓莲：《西方旅游人类学研究述评》，《民族研究》2001年第3期。
[3] 肖洪根：《对旅游社会学理论体系研究的认识——兼评国外旅游社会学研究动态（下）》，《旅游学刊》2002年第1期。

续表

	积 极 影 响	消 极 影 响
社会文化	提高生活质量 增加休闲娱乐设施与机会 提高防护能力（如防火） 促进文化交流、增进民族了解 保存文化个性 学习与陌生人打交道 增加文化史迹的展示	加剧赌博和酗酒现象 破坏纯朴民风、加剧人际关系的紧张 带来文化、艺术、民俗等的商品化 带来价值观念和伦理道德的蜕变

资料来源：肖洪根：《对旅游社会学理论体系研究的认识——兼评国外旅游社会学研究动态（下）》，《旅游学刊》2002 年第 1 期。

　　乡村旅游与现代化研究认为，乡村旅游是乡村现代化的道路之一，乡村旅游业属于地方政府主导，其旅游市场严重依赖外部；因缺乏对发展乡村旅游实质的认识，旅游开发打破了乡村社会的本质；乡村旅游打乱了居民原来的生活，朝向以游客为中心转变；当然伴随旅游大众化与市场经济的确立，游客与乡村旅游经营者的关系不再是改革开放以前的温情，而是市场的显规则与潜规则。[①] 在经济社会转型升级的大背景下，发展乡村旅游成为改善农民生活，提升农村经济水平的有力措施。

　　旅游开发对文化边缘地带的影响是巨大的，传统产业被代替，传统社会进而不断地现代化。现代化的旅游产业会破坏传统文化的生存基础，这种外力推动的社会转型使得我国西部少数民族文化旅游开发地区面临选择，要么放弃原来的文化去迎接"现代化"，要么保留自己的文化。这些各具特色的民族文化是天然的旅游商品，表现出一定的商业价值。但是刻意商品化原有的民族文化会使之出现失衡，造成民族文化自我再生的丧失，出现向强势文化的趋同。[②]

---

　　① 张继涛：《乡村旅游社区的社会变迁》，华中师范大学社会学院博士学位论文，2009 年。

　　② 李伟：《文化边缘地带旅游业的发展选择》，《民族研究》2004 年第 2 期。

例如马翀炜研究了民俗旅游目的地箐口村的梯田、蘑菇房、图腾柱、磨秋等标志文化，解读了这些文化符号的一些象征意义，认为这些文化符号的建构本质上是一个民族文化的发展过程，也是一个经济社会资源的博弈过程，例如传统文化符号的商品化、异质文化符号的驯化以及神圣文化符号的娱乐化。[①]

正确认识旅游开发过程中民族文化与现代化的关系具有重要的意义。一方面一些学者认识到旅游开发对民族地区现代化的促进作用，当然这些民族地区在全球化的时代背景下其现代化是必然的；另一方面大多数研究者认为开发民族文化旅游不是要所有的景区居民都保留传统的面貌，永远保持旧有的生活方式，而是要通过旅游开发，既保持民族文化特色又满足游客与开发地居民的需要。[②] 所以发展民族文化旅游能够促进民族地区摆脱贫困，加快现代化，同时能够有效地保护、发展、传承民族文化的优秀基因。这就要求民族文化旅游开发过程中，充分认识旅游经济的重要性，兼顾民族文化的特性，真正使得发展民族文化旅游成为民族地区经济社会发展和现代化的重要力量。

（二）城乡流动的结果

1978 年以来的社会转型使得农民流动具有了"自由流动资源"和"自由流动空间"，社会形成了一股"民工潮"。在政策层面对农民工从"限制"、"容忍"到"整合"之后，学界也将问题由是否限制农民工流动转为研究他们进城以后的情况，分析该群体作为一种新的结构因素可能会对社会产生的影响，目的在于将这一社会现象同有关社会理论进行

[①] 马翀炜：《文化符号的建构与解读——关于哈尼族民俗旅游开发的人类学考察》，《民族研究》2006 年第 5 期。

[②] 吴必虎、余青：《中国民族文化旅游开发研究综述》，《民族研究》2000 年第 4 期。

对话。①

从人的现代化与农村现代化的视角，农民工流动研究的一个重要方面即农民工流动对流出地产生的影响。有两种相对的理论观点：一是"现代化理论"，这种观点认为农民工流动具有一定的积极意义，农民工流动作为我国城市化现代化的一个重要方面，促进了农村地区的发展，使资金、技术、信息、新观念传播到农村地区。相对地是"依附理论"（dependency theory），这种观点认为城市化与城市发展建立在剥削农村的基础上。②

有学者研究农民城乡流动对其价值观、生活态度以及行为模式的改变所产生的影响。研究认为，具有现代性的人拥有一系列可以在现代社会中较为顺利地适应生活的价值观、生活态度和行为模式。流动使得农民增强了对变迁社会的适应能力和谋生能力；流动促使农民更易接受新事物，增加对新事物的宽容；流动扩大了农民的社会生活半径，使他们建立起超地缘、血缘的新社会关系。总之农民的价值观、生活态度与行为模式不断具有现代性，这种转变源于农民的流动经历与城市生活体验。③

农民流动的社会影响包括对流出地与流入地的影响，农村的经济、政治、社会、生活方式的变革与之相关④。有研究认为，外出务工者与家庭间的"非正式合约"是其影响家乡的内在机理，这一以家庭伦理为基础的合约是一种双赢；在社区层面应该注意外出务工者返乡创业的重要性。⑤ 随

① 王毅杰、童星：《流动农民社会支持网探析》，《社会学研究》2004 年第 2 期。
② 李强：《中国外出农民工及其汇款之研究》，《社会学研究》2001 年第 4 期。
③ 周晓虹：《流动与城市体验对中国农民现代性的影响——北京"浙江村"与温州一个农村社区的考察》，《社会学研究》1998 年第 5 期。
④ 蔡志海：《农民进城——处于转统与现代之间的中国农民工》，华中师范大学社会学院博士学位论文，2006 年。
⑤ 张继焦：《外出打工者对其家庭和社区的影响——以贵州为例》，《民族研究》2000 年第 6 期。

着产业结构调整与产业转移力度的加强，西部地区农民工返乡就业、创业比较集中，这不仅能够解决农民工就业、创业难的问题，更重要的是带动西部地区经济社会的进一步发展。

农民城乡流动不仅给农村带来发展，也给农村带来问题。人口学对农村人口流动研究表明，农民流动对农村地区的正面影响包括：当地人口和劳动力数量的减少，在原自然资源与社会机会总量不变的情况下，人口对土地的压力和社会机会的竞争减少；如果把外出务工的收入寄回家乡将提高当地的收入水平；如果外出务工者带着资金、生产经营经验以及其他信息资源返乡创业，将促进当地经济社会发展。但是年轻劳动力的外出也带来一定的负面影响：农村地区老弱病残比例上升，劳动力短缺，土地抛荒，农业生产受到影响；一部分家庭成员长期外出务工给留守人员带来社会问题，如婚姻破裂、留守儿童问题、留守老人问题等；政府对流动人员的社会管理难以有效落实。①

（三）手机社会学

手机整合了以往的所有信息技术，包括互联网、电话、笔记本、个人数字助理、广播、无线及红外技术、数字音频及视频，以及传统的纸张等。研究手机的三个视角包括：作为技术的手机如何影响人们的生活；用作为技术的手机阐释人的行为；引入新的术语描述信息传播现象。

国内外手机社会学研究文献相对较少，还有部分属于科普性质的文献，近年翻译的有 20 世纪 90 年代伊锡尔·德·索拉·普尔（Ithiel de Sola Pool）主编的百年电话史的论文集，它涵盖了电话在历史、文学、城

---

① 马戎：《外出务工对民族混居农村的影响：来自内蒙古翁牛特旗农村的调查》，《社会》2010 年第 3 期。

市发展中的各种不同角色，揭示了电话与女性、地理学、时间的使用以及语言之间的各种关系，这本文集主要研究的是固定电话①。保罗·莱文森（Paul Levinson）是媒介进化论的代表人物，他概论了手机的进化历程以及给人们带来的影响②。国内媒体、数码界就手机的进化、监视、产业、媒体与美学方面介绍了国内外相关的前沿资讯③。

有研究关注手机使用、私人互动、公共表演问题，例如手机使用与工作、休闲、国民性格、伦理、美学、安全、隐私的问题；手机作为社会舞台的问题；手机技术的特征；手机的象征、青少年短信文化；手机作为缺席的存在（的文化影响）；手机传播模式、手机与社会阶层、性别、自尊、数字能力。④

《经济学人》（2010 年 1 月 2 日）杂志刊文讨论了手机使用的全球化问题⑤。相反还有学者提出手机的本土性、亲密的陌生人等概念⑥。工作空间中的手机研究包括，手机与自我的分析，短信的长度、社会语言学分析等⑦。另外，有学者在手机传播（或沟通）与海德格尔（Martin Heidegger）、哈贝马斯相关理论之间展开了哲学方面的对话⑧。

比较系统的手机社会学研究主要关注行动体系、行动资本主义、手机与时空框架、手机与社会关系等方面问题。行动体系由科学知识、科技能

---

① ［美］伊锡尔·德·索拉·普尔：《电话的社会影响》，邓天颖译，展江校，中国人民大学出版社 2008 年版。

② ［美］保罗·莱文森：《手机：挡不住的呼唤》，何道宽译，中国人民大学出版社 2004 年版。

③ 晓白、朝西、曾帅：《我手机：手机和它命名的时代》，广东教育出版社 2009 年版。

④ James E. Katz & Mark A. Aakhus（eds.），*Perpetual Contact：Mobile Communication，Private Talk，Public Performance*，Cambridge：Cambridge University Press，2004.

⑤ "Mobile-Phone Culture：the Apparatgeist Calls"，*The Economist*，2010-01-02，pp. 56-58.

⑥ Mizuko Ito，Daisuke Okabe & Misa Matsuda（eds.），*Personal，Portable，Pedestrian：Mobile Phones in Japanese Life*，Cambridge：the MIT Press，2005.

⑦ Rich Ling & Per E. Pedersen（eds.），*Mobile Communications：Re-negotiation of the Social Sphere*，Surrey：Springer，2005.

⑧ George Myerson（Series editor：Richard Appignanesi），*Heidegger，Habermas and the Mobile Phone*，Cambridge：Icon Books Ltd，2001.

力与电信、通讯的政策、产业结构组成，是整个行动资本主义的技术基础或科技背景。行动资本主义的议题包括行动商务（电子商务）、商品拜物教与资讯拜物教（资讯社会学）。手机与时空的议题包括手机与时间的分层、公私空间、有限—无限空间及类比与虚拟真实。手机及简讯（短信）与社会关系方面的议题包括：微观的社会互动分析、青少年、公共表演、社会监视等。[①]

研究表明，·人口变量影响农民对手机的选择与使用[②]；他们更喜欢"求廉务实、从众趋同、舍近求远"[③]。农民工的手机使用研究表明，个人的生活史、现实生存环境及他对这种生存环境的认知影响了农民工在众多的高科技产品（如电脑、MP3、数码相机及手机）中不选择别的而只是对手机情有独钟。[④]

手机能够促进农民工群体的认同。对于农民工而言，手机在熟人与陌生人之间划定了一个边界，成为他们群体认同的前提条件；手机所提供的群体内部信息交流以及共享构成了新一代流动民工群体认同的另一个前提条件；边缘人的角色、群体边界的明确以及内部信息的共享，三者共同使珠江三角洲地区新一代流动民工的群体认同感得以形成。在广东，农民工群体的一些传统的文化要素，如面子、性别关系，因为手机的迅速普及而受到冲击；手机在一定程度上使农民工的消费模式发生改变。[⑤]

手机影响农村的社会结构。手机影响乡村社会关系的建构，随着手机参与到农民的日常生活，它强化了农民的时间感，某种程度上形塑了农民

---

① 参见王佳煌：《手机社会学?》，学富文化事业有限公司2005年版。
② 张明新、韦路：《移动电话在我国农村地区的扩散与使用》，《新闻与传播研究》2006年第1期。
③ 汪兴东、郭锦墉：《农村居民手机购买行为及影响因素分析》，《老区建设》2008年第24期。
④ 参见杨善华：《城乡日常生活：一种社会学分析》，社会科学文献出版社2008年版。
⑤ 参见杨善华：《城乡日常生活：一种社会学分析》，社会科学文献出版社2008年版。

社会生活圈子中的信息、权力与地位①。手机消弭了传统社会的空间阻隔，建立了一种私人空间，手机的使用形成了一种虚拟的社区，手机使用者不断地在私人空间与公共空间之间进行转换②。手机作为媒体在农村信息化进程中起到十分重要的作用③，特别是传播科技信息方面④。

手机社会学研究的关键是突破手机这一物的范畴。手机不再是一件生活中使用的物品、工具、科技产品，而与诸多社会学议题相关。这需要社会学的想象力和发现社会学问题的努力。

二、研究意义

本书关于西江的所有描述旨在提出苗民生活的一些面向，这些面向最后皆归入有关发展的社会学探讨。发展社会学一方面多是国外理论阐述；另一方面社会学对于发展问题的探索多是基于宏观层面。这与我们日常生活中亲身体验到的发展有距离。如何使发展社会学研究突破理论叙述、宏观叙事的圈子，从生活中感知发展及其问题，从发展社会学理论库之外提取有益的思路分析发展问题？我想西江的故事最终会回答这些问题。所以，本书的描述既为发展社会学研究做了一个注脚，同时也跳出发展理论的框框，在社会学研究文本中寻找分析问题甚至是解决问题的可能方案。

本书是流域文明与族群互动系列丛书的一本，流域、族群的研究视野

---

① 张楠：《全球化技术对农村社区及农民生活世界的影响研究——以手机对许村的影响为例》，中国农业大学人文与发展学院硕士学位论文，2007 年。
② 王萍：《手机媒介传播：弥漫于空间——对手机媒介建构的空间结构的探析》，《西南民族大学学报（人文社科版）》2007 年第 10 期。
③ 李亚玲：《手机媒体与农村信息化分析》，《传媒观察》2008 年第 10 期。
④ 陆媚、贺根生：《手机在民族地区农村科技传播中的作用》，《科技传播》2009 年第 8 期。

已经突破传统民族学、人类学研究的范畴。通过西江的描述，我们会或多或少地发现苗民作为一个族群已经不再囿于西江这个文化地理的范围了，他们的过往生活将其推向族群互动，如今的生活将其拉入新的族群互动；相对地，研究他们也不再局限于西江这个地方，而是与广阔的文化地理空间相连。所以，全球化时代的民族学、人类学研究已经通过消解地方的概念迫使学者们关心田野点以外的生活，流域文明、族群互动将会是主题。西江的文本只是这种趋势中的一小步尝试，苗民一来、游客一往，些许期待就在这看似稀松平常的来往中展开。

最终本书的理论浅析都可以放入所谓文化研究的视域内。文化研究是一个开放的研究领域，它以文化产业为形式，以行动力为内容，比社会学研究要多出一些主观判断，比民族学、人类学研究要多出一些现代元素。西江就是一个大的文化产业，理想、现实、权力、市场、传统、现代、文化、产业……混杂在一起，在这个文化产业的舞台上，我们可以发现诸多不平衡与冲突，除了从理论上分析这种客观现象，除了听苗民讲述他们所经历的这种人生体验，我们还可以直截了当地就平衡与不平衡、和谐与冲突、传统与现代、机遇与挑战……陈述作者自己的观点，这是一种多声部的体现。

在理论以外，读者可以细细了解西江人的内心世界，看一看他们与我们是否真的有所不同，看看我们所面临的世界如何在一个地方慢慢呈现。此外，也为没有去过西江的人们提供一次想象的机会，就像丽江那样，你们可以为西江取一个符号化的名称，当然最好是亲身体验一次不同寻常的西江旅行。无论是在互联网空间，还是人们之间的口耳相传，你最好能把旅行的所感所知表达出来，包括好的、不好的。或许你可以在西江的街道上遇见书中的人、事，或许西江也会成为你人生的一个短暂停留。所以，本书如果能够让你们看到，这是西江苗民最开心的事情，至少他们能够更远的走向未来。

对西江苗民而言，本书的研究可比清晨四五点钟爬到山上观察锦鸡更加有意思①。他们可以在某个时间、地点表达自己的看法，无论这些看法有多片面抑或有多极端，至少是他们真实的想法。有一个人，走村串户，听他们说话，这件事本身就令他们称奇。"你是否有很多钱？""你问的这些让我想很多"；"欢迎你常来"；"你要是记者就好了"……每个人都有自己的看法，我们促使他们去想生活中的那些忙忙碌碌，西江苗民是那么地爱着或恨着西江，想西江更好，又没有办法，充满矛盾。他们中有人希望书写好以后寄给他看看，也有人拿出以往关于西江的书给我看，他们会问西江的未来会怎样，应该会有西江苗民看到这本书，好让我们一起思考西江。

在西江的日子里，地方干部给我很多照顾，他们表达了地方政府的一些观点，同时以个人的名义也说了自己的看法。西江是政府主导型的旅游开发模式，所以作为执行者，地方干部们对西江有更程式化的表达。在诸多事件中，执行者们面临左右为难的局面，他们更多地是向我倾诉，而不期待从我这里得到什么有用的东西，这是权力者应有的态度，我表示理解。但是，如果执行者看看西江自己的故事，他们习以为常的地方，我相信即使改变不了任何事情，也会让更多的声音流进他们的心底。旅游经济、文化产业、民族文化旅游……今天我们发现这些绿色产业形式正成为我国民族地区转变经济结构，摆脱贫困，融入经济社会发展快车道的一种可行的选项。如何精细化这一选择？变大水漫灌为滴灌？这需要细节，也

① 我的访谈对象之一，侯老师，也是一家农家乐的老板。他为我介绍西江片区间的亲属关系和家族状况的时候，感叹道，还是你们这样的研究最有意思，那一家（虚指）出了一个博士，放假回来却天天天不亮在坡上蹲着观察野鸡，一蹲就是一天……没有意思。用一句比较时髦的话概括侯老师的评价，我体会到人类学研究比较接地气，能够心平气和地听普通人述说他们各自感兴趣的故事，接触不同性格、身份或地位的人，从谈话中能够捕捉人们的内心世界，同时获得他们的信任。当然，事情都具有两面性，的确有访谈对象把我们当作记者，想通过我们的"采访"解决他们生活中的问题。这越发刺激我们思考人类学之于社会的意义，如何实现从研究"变迁"转向促进"改变"？

需要争论。

三、研究思路

（一）研究的问题

1. 手机给苗民带来了什么？

2015 年，手机已经不只是手机，它是一台移动互联网终端，它是一个展现自我的平台，它是每天陪伴我们最长时间的工具，它是舆论场、信息集散地，它是各种产业积极想占领的一块阵地，……实际上，手机本身也在快速变化。时间倒回 2011 年，那一年被媒体称为"手机年"，只因一个品牌（apple）突然火爆起来，一直到 2015 年。2011 年的手机没有那么多内容，但是它却为我们提出了一个很难回答的问题：手机给我们的生活带来哪些影响？于是，我们具体化了这个问题：在西江，手机给苗民带来了什么？对于西江苗民来说，手机与生活中的哪些事项相关？或者说，一提及手机，我们会想到生活中的哪些事情？

这是本书一切故事的最开始，同时我们也快速地远离了这个问题中心。具体而言，我们关心的问题是：在西江，手机能够带领我们发现哪些生活面向？这些生活面向之中，手机表征了什么？在时间序列中，这些生活面向发生了哪些变化？……所以，本书中你们会看到处处皆有手机的身影，同时处处又远离手机。但是，从整体趋势来看，手机的确步步深入到苗民的生活之中，并给苗民带来了生活的便利与烦恼。质言之，手机引出了本书的主体内容——西江苗民生活的系列变迁。手机给苗民带来了什么？回答这个问题会牵扯出我们的主题。

2. 苗民社会变迁的机遇与挑战是什么？

起初，手机是经济分化的表征，代表着城市流行文化的趋势。如今，西江经济分化的机制是什么？困境有哪些？在发展民族文化旅游的过程中，新的流行文化正在西江生产着，这些文化样态有哪些特点？其核心竞争力是什么？矛盾冲突在哪些方面？所以，我们关注的主题由手机而来，却指向西江发展过程中出现的一些新生事物。同样的道理，当手机初入苗民生活中，它表征西江职业系统中的家族取向和社会交往层面。如今，家族遭遇旅游业会面临怎样的情景？社会交往的主线会转向何方？

从手机引出的一系列社会变迁是我们关心的问题。进而，苗民社会变迁的机遇与挑战是问题的关键。这个关键既是本书研究的初步结论，同时也是围绕发展所做的基本判断。这使研究从手机中看到了更为广阔空间里的人。西江的机遇可以作为未来西江发展的余地，了解、分析、尝试解决西江的挑战不仅能够促进西江更好地发展，而且能够为民族文化旅游发展提供一个案例，供我们更深入地研究文化产业。机遇与挑战更体现了研究的态度，研究的问题导向。

3. 苗民生活会走向哪里？

这是一个开放的问题。作者、读者都可以提出自己的看法。这也是苗民社会变迁机遇与挑战基础上自然提出的问题。更是苗民自己关心的问题。我们也问自己：我们的生活会走向哪里？当然，本书不可能回答这些开放的问题，充其量只能提供一些思考的线索。在社会急速转型的过程中，我们的社会生活在不断地形塑过程中，最终成何形状只能看其结果，现在只能进行预测。实际上，社会转型到定型的过程中，我们都是发挥作用力的主体，参与到社会转型过程之中是我们每一个人的基本责任。

本书围绕三个层面的问题展开全部描述，首要的问题依靠实地研究发现，当然存在先在的主观性。经济、文化、家庭、社交、爱情、代际和移动性是我们通过手机这条线索勾勒出的描述主线。在这条主线上，手机的色彩由浅入深，同时这条主线上也结出各个方面机遇与挑战的果实，它们是基于客观观察，加之理论素材的分析而得出来的。在各个问题部分，我们尝试从观察者的角度给出解决方案，这些方案是一种主观判断，并主宰西江未来的可能方向。当然，任何人都可以给出自己的西江答案。

（二）研究视角

研究视角主要解决手机在研究中的角色定位问题。通过对相关研究文献的梳理分析，我们将手机走进西江苗民生活的过程等同于苗民驯化手机的过程。该过程中，手机扮演不同的角色，同时勾连出不同面向的社会研究议题。

1. 消费技术还是驯化传媒？

罗杰·斯弗斯通（Roger Silverstone）称其提出"驯化"（domestication）理论是受到阿尔君·阿帕杜莱（Arjun Appadurai）等学者的启发。阿帕杜莱等学者在《物的社会生命：文化视野中的商品》中认为，"物"（things）像人一样具有生命，他们从商品的视角展开以"物"为中心的研究，试图以"方法上的拜物教"（methodological fetishism）来重新看待"物"的研究，将视野聚焦于物自身，复兴一种物的人类学（anthropology of things）。① 这种"物"的研究将物的商品化或"去商品化"作为其生命历程的转折点，同时研究转折点前后的物的消费、展示及其凝聚的社会文化变迁。斯弗斯通的"驯化理论"实际上也从商品的角度去考察物的社会生命，但与阿帕杜莱等学者不同的是，除了物的商品化或去商品化，他关注的还包括物被消费后的角色或状态，及物在消费结束后所带来的社会影响。阿帕杜莱等学者关注的物的生命转折点仅作为斯弗斯通驯化理论中

---

① 舒瑜：《物的生命传记——读〈物的社会生命：文化视野中的商品〉》，《社会学研究》2007 年第 6 期。

的一环，再者驯化理论研究的物属于"新"的物，对应确切的时空（如家庭），这也是对阿帕杜莱等学者研究的突破。

斯弗斯通主要研究电视，提出的驯化理论也多应用于研究现代科技产品，如广播、电视、电脑与互联网、手机和多媒体等，这些物区别于阿帕杜莱等研究的物，它们有两种面孔，作为技术的物与作为传媒（media）的物。斯弗斯通称驯化理论一方面批判吸收技术研究的成果，另一方面在传媒研究之效果研究领域进行创新。从驯化理论的研究实践来看，其应用研究的兴趣也分为技术取向与传媒取向，前者利用驯化理论目的在于改进技术，所以，观照技术的设计与使用的反馈，而传媒取向研究的目的在于分析传媒给人与社会带来的改变。在消费技术还是驯化传媒的问题上，斯弗斯通更关注传媒而非技术。当然他并没有放弃消费这一重要的研究视域，他将传媒视为商品证明了这一点。

驯化的概念表达了斯弗斯通对传媒的关注。使用驯化概念一方面因为驯化可以突破单纯的技术消费，更重要的是驯化作为一种隐喻能够体现"物的社会生命"。隐喻是语言学的一种修辞，它使得一个概念被赋予突破本来意义的新的内涵，这种新内涵与其使用的语境相关。从生物学看，驯化是经由对野生动植物行为及生长规律的掌握，人们制造一种新的生长环境，通过食物喂养或人工培育给予它必要的条件，实现对动植物行为及生长的控制运用的过程。跨越野生与家养的边界，人类使一种物种进入家庭使这种物种嵌入人类的日常生活之中，从而完成驯化的过程，斯弗斯通用驯化来隐喻一种技术产品（更多时候是传媒）从商品市场进入家庭从而进入人们的日常生活中间，及给家庭与社会带来的影响。

驯化的过程体现了物的社会生命历程，传媒的生命历程是技术商品、符号环境及特殊文本角色的转换过程。技术商品表明传媒的商品属性，其研究旨趣在于传媒的设计、形象与消费，符号环境代表传媒植入家庭（或其他组织、社区）之后的状态，人们在使用传媒的过程中，传媒从时空等方面改变家庭生活。文本是相对语境而言的，家庭的传媒使用必然将家庭与社会语境联系起来，而传媒作为一种技术体现和影响着家庭与外界的连结，后来有学者认为此时的传媒仅仅回到技术层面不能回答它之于社会的更深的意义，所以用传媒的文本性替换单纯的技术更能发掘其社会意义，在社会场域把传媒作为一种文本，作为一种体现具体家庭与社会语境的特殊文本。

2. 传媒的驯化

（1）家庭的意义与传媒商品化

现象学"侧重于事物、事实和世界的意义"①，现象学的家庭概念对应的英文是"home"，它的意义在于给人以许多种感觉，比如想家就是一种感觉，正是这种想家的意念才使得家庭在人们心目中存在。斯弗斯通认为现象学的家庭对于传媒来讲具有矛盾性，实际上这也是传媒的矛盾性，它使人们能够"解放家庭于物理空间"，在遥远的地方也能够触摸家庭（虚拟空间），同时它也解构了家庭的意义，一种想家的现象学。安东尼·吉登斯提出的时空压缩概念正符合传媒之于家庭的矛盾关系，传媒突破了家庭的时间与空间，使得家庭、地方与全球能够连线，家庭的现象学还能够保存吗？这是驯化研究旨趣所在。

（2）家庭结构与传媒的拥有

社会学的家庭概念斯弗斯通用英文"family"来表示，这也是传媒驯化研究经验资料的重要来源，因为"family"强调社会关系，传媒的使用大部分就在这一层面展开，尤其斯弗斯通将注意力转向家庭关系的一些结构之中，如性别、年龄、时间、空间等。人们在使用传媒的过程中，家庭的空间被重新组织，如家庭内的私人空间（卧室）与公共空间（客厅），

---

① 陈治国：《徜徉于"分析"与"诠释"的思潮之间》，《读书》2011 年第 3 期。

家庭的性别关系体现了一种权力不平等，如男性与女性在使用电视方面的不平等，同时在代际方面也体现传媒与家庭结构的互动。与现象学的家庭概念相比，这里的"family"更强调具体的家庭内部的结构，它使得驯化研究可以操作化，而且能够将家庭的语境表达出来。

（3）家庭的社会关系与传媒的转化

经济学的家庭概念"household"比较像国内的家户（未分家的状态），它主要强调家庭与外界的经济交换，因为在家户的意义上，分家是家庭的归宿，分家使得房产、土地等重要的经济资源被重新分配。起初斯弗斯通"形容这种经济面向的家庭拥有一种道德经济，以表达家庭创造保持一种经济合理性的能力，而这种合理性不同于正式市场经济中的合理性"①。后来斯弗斯通强调经济学的家庭概念"household"意在将家庭与外界联系起来，这里涉及公共与私人领域的问题，如前所述家庭作为社会经济系统的一部分，参与社会经济的运行，不仅包括传媒的消费，而且家庭中的传媒使用也必然连结社会经济系统。

3. 传媒走出家庭

传媒囿于家庭范围主要受传播学的电视研究制约。电视研究关心电视剧对于家庭空间结构的影响，与之相对应，家庭成员对电视的反应。而手机异于电视机的地方在于其移动性。

传媒的发展要求研究者思考如何将驯化理论框架进一步扩展，考虑家庭外更广泛的社会互动。早期的驯化理论在分析新的传媒时面临困境，因为如今越来越多的家庭拥有更多的电视，而且手机、电脑、移动多媒体等新传媒并非以家庭为拥有单位，传媒越来越个人化，家庭内外的边界越来

---

① R. Silverston, "Domesticating the Revolution: Information and Communication Technologies and Everyday Life", in PICT National Conference: European Dimensions in Information and Communication, Panacea or Pandora's Box, Kenilworth, Warwickshire, 1993, pp. 228-229.

越模糊，家庭成员的社会关系越来越向家庭外扩展，家庭成员间的异质性越来越强，这些新变化促使研究者更为开阔的尝试，例如一些研究者突破"家庭场域"研究传媒的驯化。

J. 斯图尔特（James Stewart）将驯化研究单位由家庭转换为生活空间（life-space）。他认为生活空间更多强调的是个人价值观、体验以及预期，强调关系与行动如何通过整个生活空间被连接起来，如何使用传媒支撑随意的、协商式的日常生活边界的建立与消解。通过个人网络中非正式经济、分享、交换、馈赠、知识和传媒的交易，研究传媒的使用如何跨越家庭边界而投向社区层面。斯图尔特也提出由背景或个人生活史、事件、行动与社会网络构成的 BEAN 经验研究方法，从引述中我们可以发现他所谓的生活空间的涵义：背景强调个人或社区的生活史或之前的人生阶段、价值观、社会与传媒及其变迁的经验。背景表明过去的经验如何被引导，从而对知识、传媒的社会资本产生影响。行动涵盖了当前的生活项目，如家庭、职业、目标以及日常生活特殊的惯例行为，行动与当前可使用的资源相关，如财富、空间、时间以及技能。新传媒与行动相关，使行动得以进行、发生变化或产生新的行动。事件是特殊的行动，使得日常生活发生变迁。新传媒的采用、行动发生的变迁、新角色的卷入成为事件产生的条件。重大生活事件包括工作的更换、组建家庭、失业等。一些周期性的事件如岁时节庆是采用新传媒的重要时刻。驯化强调事件并不普遍，但事件能够提供丰富的经验材料。社会网络即在整个生活领域里与他人的所有关系，是消费传媒及其社会意义的场域，它表明网络如何用于信息的获取、提供资源、解决问题、寻求支持同时也表明人们在采用新传媒时社会网络如何成为冲突与妥协之源。①

---

① James Stewart, "Investigating ICTs in Everyday Life: Insights from Research on the Adoption and Consumption of New ICTs in the Domestic Environment", *Cognition Technology and Work*, Vol. 5, 2003, pp. 4-7, 19-20.

4. 透过手机看社会变迁

商品化、被拥有、转化构成了驯化理论的三个重要组成部分，在从家庭到社区生活空间的转向完成以后，驯化理论能够在较为宏观或中观层面梳理手机之于西江苗寨的意义。理论方面，在保持以上三部分议题的基础上，将一定时空坐落的社会背景糅合进理论表述之中，并将生活方式变迁这一重要落脚点提出来以弥补驯化理论对之提而未觉的不足，通过下文对变迁的具体分析可以得出，西江苗民驯化手机被嵌入这些变迁的过程之中，表0-2明确了它们之间的关系：

表0-2　社会变迁与驯化手机的关系

主　题	驯化手机			社　会　变　迁
	商品化	职业化	生活化	
经济分化	√			经济分化的表征与动因
流行文化	√			从模仿到文化生产
家族		√		家族的内聚力与外部环境的变迁
社会交往		√		从以土地为中心到以职业为中心
爱情			√	从公共到虚拟的爱情空间
家庭代际关系			√	矛盾的关系
移动性			√	时间、空间到语境的移动性

资料来源：根据实地研究资料整理。

手机的"商品化"对于西江苗民来说意味着，手机作为一种经济分化的符号出现在苗民面前，率先使用手机的正是西江苗民里分化出来的富裕层（个体户和干部），随着手机的普及，其"商品化"所要针对的目标群体已经铺开，紧接着在打工潮里，手机成为一种流行元素，这种"商品化"对于苗民来说仍然限于少数人，除了先前的富裕层，手机流行于成功的打工者中间，表征着他们的实力。

对于苗民而言，工薪阶层次先拥有手机。商品化只是多数人看少数人拥有手机，而手机的"职业化"标志着手机开始走进大众但远未普及所有人。西江原有的工薪阶层（主要是机关、企事业单位的职工）和旅游开发所带来的新职业阶层（个体工商户）开始使用手机联系业务。家族关系的凝聚与社会交往的理性化离不开手机的参与。手机成为一种社会资本的维系工具，为之普及奠定基础。

西江的手机普及只是近三年的事情（2008 年至 2011 年），男女老少已经将手机视为日常生活中必不可少的物件，这种"生活化"意味着苗民对手机的不自觉与忽视。手机的转化在理论表述中有些抽象同时想表达的问题也很小（手机的功能转化）。手机的"生活化"立足于苗民的日常生活，从谈情说爱、家庭关系到不同层面的"移动性"，在这些具体的场景中，手机均被作为日常生活话语的中心。

（三）研究思路

从以上的简述中可以看到，苗民驯化手机本身也是一种过程，这一过程的不同片段嵌入了西江生活方式变迁的不同面向里。总之，与手机相关的变迁或者说手机参与其中的变迁从不同方面提出了西江苗寨的现代化和苗民的现代性的相关问题，这些问题有些属于理论方面的，它们共同构成了现代性这个整体（探索性研究）。

如图 0-1 所示，从整个研究层面来看，我们通过实地研究发现，在西江现代化进程中，苗民的城乡流动和西江发展民族文化旅游成为西江现代化、苗民生活变迁的主要动力，二者既有效地改善了苗民的经济社会生活，又有力地推动了各个方面生活的改变，当然也给苗民带来了意想不到的难题。

为使研究视角新颖一些，我们选择手机为切入口，一方面手机作为现代科技产品已经走进苗民的日常生活，另外它也是现代化的一个明显的表

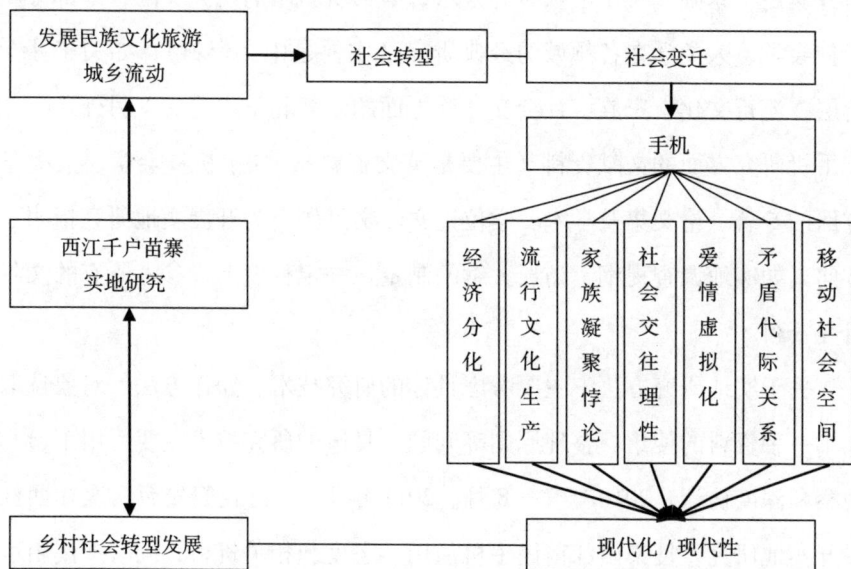

图 0-1　研究思路设计

征。在苗民城乡流动、西江发展民族文化旅游，以及驯化手机的共同作用下，我们探索系列社会变迁。变迁可以归纳为城乡转型发展与苗民文化传承问题，当然整个研究思路与设计会出现一些不足，有待进一步研究。

四、研究方法

本书采用的研究方法包括文献研究方法、实地研究方法和调查研究方法。关于调查研究方法，2010 年"手机与当代贵州乡村生活研究"课题组来到西江，采用问卷调查的方式，针对西江人和在西江旅游的人，通过入户和偶遇的方法展开问卷调查工作，问卷旨在基本掌握手机在西江的使用情况和手机对社会生活的影响情况。① 此次调查研究为进一步实施实地

---

① 参见黄健：《少数民族地区手机使用状况及其影响研究——基于贵州黔东南州西江苗寨的调查》，《民族论坛》2012 年第 6 期。

研究奠定了基础。关于文献研究方法，本书所引用的研究文献，一部分属于社会学、人类学在各领域的经典研究（主要是中文资料），如关于社会阶层、流行文化、家族、社会交往等方面的专著和学术论文。另外还有关于手机研究方面的文献资料（主要是英文资料），如手机社会学、人类学方面的专著、论文集及学术、学位论文。文献研究为开展实地研究指明了方向，如实地调查提纲、访谈大纲的制定在一定程度上皆参考既有的文献研究资料。

关于实地研究方法，主要考虑具体的研究技术、操作方法、对象选取和第一手资料的搜集、整理原则等问题。具体的研究技术主要采用了参与观察和深度访谈。2010 年 7—8 月、2011 年 1—2 月我们先后两次在西江展开实地研究，搜集西江苗民手机使用、态度和相关资料，同时搜集由手机提供的社会变迁线索和相关资料。具体地，通过参与观察，体验西江苗民的日常生活和节日生活情况，特别是春节期间苗民的一系列活动为我们提供了参与观察的平台；深度访谈方面，主要采用非结构式访谈的方法对西江苗民进行访谈，这些被访者经历了手机进入西江的全过程并对手机等科技产品体验丰富。

在操作方法上，主要以人生史①为依托，听取被访者的生活经历并以手机这一主题为线索探索相关的社会变迁实录，这样有效地避免搜集分散的资料。我们从时间与空间要件②方面将实地研究加以限定，并从细节着手在某些方面展现这一时段的西江。研究以手机为切口，来关注西江社会变迁的现代性问题。

---

① 参见王铭铭：《"人生史"杂谈（之一）》，《西北民族研究》2009 年第 1 期。王铭铭：《"人生史"杂谈（之二）》，《西北民族研究》2009 年第 2 期。王铭铭：《"人生史"杂谈（之三）》，《西北民族研究》2009 年第 3 期。

② 彭兆荣：《田野中的"历史现场"——历史人类学的几个要件分析》，《云南民族大学学报（哲学社会科学版）》2004 年第 5 期。

因此，1987 年我国大陆地区正式开始手机通信业务的运营①，成为"驯化手机"的时间上限。但是在"小地方"与"大历史"相互叠加的时候，可能以地方的时间序列为准比较合适，所以 1986 年末（11 月份）西江的"鼓藏节"就成为实地研究定位的真正时间上限。巧合的是，对西江进行首次实地研究的 2010 年也是当地苗民欢度"鼓藏节"的年份，加之他们的个人记忆（人生史方面）和社会记忆大都以"鼓藏节"为时间参照，本研究即把时间上限确定于 1986 年。在这一时段内，西江度过了三个"鼓藏节"即在 1986 年、1998 年、2010 年。

在实地研究的对象选取方面，拟定为这一时段内有城乡流动经历的群体。因为他们经历了西江的分田到户（农村改革）、外出务工潮（城市开发开放），同时在西江旅游业发展的过程中这些人发挥了重要作用，他们返乡就业并支持新生代延续自己的人生轨迹，同时这些人可以说是"驯化手机"的主体人群，他们首先认识手机、接触手机、使用手机，并经历了整个的全过程，在这一过程中，他们对西江所发生的社会变迁也最具有发言权。因此以人生史（比生活史内涵更为丰富）为搜集第一手资料的载体，通过个人在这一时段的经历来展现西江的变迁与人生体悟，这种操作方法能够发现社会变迁中文化的正面效应②。特别是在西江这一民族文化氛围浓厚的地方，变迁话语与城乡转型发展研究中对文化传承的关注更应该全面、饱满，这些可能通过实地研究的观察、访谈对象的人生感悟而得出。

在此需要强调的是，用发展民族文化旅游、城乡流动做历时性研究的切面一是因为在手机走进西江社会的过程中，这些因素与之相关而引发特色鲜明的社会变迁；另一方面，这些因素的确存在时间上的先后性，但并

---

① 杨民生：《中国第一批手机用户诞生在上海》，《IT 时报》2007 年 11 月 16 日。
② 参见朱炳祥：《社会文化变迁中的白族农民——大理周城村民段元参个人生活史研究》，《民族研究》2007 年第 2 期。

非是前后接续的独立阶段。例如外出务工，它是贯穿于手机走进西江全过程的，或许早年打工时代的人在旅游开发时就返乡了，或许如今才回到西江，或许今天的年轻人初中毕业后又外出务工了，诸如此类。

在研究方法方面，本书主要利用人类学的田野工作（field work）方法。通过对西江的参与观察，对苗民的深度访谈，搜集关于西江苗民与手机相关的第一手资料，最终在资料分析的基础上，完成对手机与西江苗民的生活的描述。

五、核心概念

（一）西江与苗民

西江隶属于贵州省雷山县。在历史沿革中，民国三十八年（首次）改名雷山县。1949 年以后几易其名，1961 年恢复雷山县名称至今。"清雍正七年以都匀府通判驻丹江，置丹江厅。民国二年改丹江厅为丹江县，属黔东道。十二年直属于省。二十四年属第十一行政督察区。……二十六年属第二行政督察区。三十年撤销丹江县，并入八寨、台拱二县。三十二年成立雷山设治局，以雷公山得名，属第一行政督察区。三十八年改雷山县。1950 年雷山县属镇远专区。1954 年改设雷山县苗族自治区。1955 年改雷山苗族自治县。1956 年划入黔东南苗族侗族自治州，改雷山县。1958 年撤销雷山县，并入凯里县，1961 年恢复雷山县。"[①]

根据 20 世纪 80 年代出版的《贵州省志》，西江镇是西江区区公所驻地，位于雷山县北部，东经 108°10′，北纬 26°29′。距雷山县城 30 公里。1984 年 8 月 3 日以西江公社行政区域建镇。面积 56 平方公里，辖西江

---

① 贵州省地方志编纂委员会：《贵州省志·地理志》上册，贵州人民出版社 1985 年版，第 147 页。

街，及13个自然村。人口约5300人，苗族聚居，号称"千家苗寨"，为贵州省的民族村寨典型之一。西江镇1979年公路通车后经济逐渐发展，有酒厂、林业站、食品站、供销社、书店、医院等单位。有完全中学一所、小学二所、民办小学三所。西江是苗族群众节日活动的场所，中央、省、州有关部门人员及国外友人常到此和苗族群众欢度节日。西江区所属乌高、麻科、控拜三个村，家家户户擅长银饰工艺，人称"银匠村"。①

图0-3　西江千户苗寨

资料来源：雷山县政府网。

西江镇政府2014年的宣传资料显示：

> 西江镇辖西江、营上、连城、白碧、龙塘、猫鼻岭、白建、羊吾、中寨、黄里、大龙、小龙、乌尧、脚尧、干荣、长乌、开觉、堡子、控拜、麻料、乌高21个行政村，另辖1个居民委员会。

---

① 贵州省地方志编纂委员会：《贵州省志地理志上册》，贵州人民出版社1985年版，第405页。

2013年12月，实施并村后，22个村（居）合并成7个行政村，1个社区。分别是长荣村、开觉村、控拜村、白连村、黄里村、脚尧村、欧益村和西江社区。共62个自然寨，222个村民小组，6376户。

西江镇具有得天独厚的自然风光和民族文化资源优势，使其享誉国内外。其中"千户苗寨"西江村是全镇乃至全县目前最大的行政村，被称为国家级露天博物馆，具有得天独厚的旅游资源优势。全村共有农户1432户，人口5515人，苗族人口占99.5%。

随着2008年贵州省第三届旅游产业发展大会以来，基础设施建设得到进一步完善，旅游产业的发展得到迅猛发展，先后举办中国雷山苗年、"游天下西江、品雷公山茶"品茗会、上海世博西江公众论坛等活动，西江千户苗寨知名度和影响力逐年提高，通过节日搭台和旅游文化唱戏等方式，西江千户苗寨知名度和影响力逐年提高，先后获得了"全国农业旅游示范点"、"中国乡村旅游'飞燕奖'最佳民俗文化奖"及"最佳景观村落"等荣誉称号，获得了"多彩贵州"十大品牌和百强品牌殊荣。同时西江村被评选列入"中国特色村"之一；2012年西江千户苗寨荣获首批"中国文化旅游新地标"。

西江镇以其独特的、完全保留了历代苗族建筑古朴风格的吊脚楼和奇丽淳厚的民族风情，与峰峦迭翠的雷公山相辉映，特殊的地理环境，强化了人们相互依存的关系，也造就了西江苗族人民热情好客，乐于助人的古道热肠。牛角酒、老腊肉、板凳舞、芦笙舞，让每一位来到西江的都为之迷醉，流连忘返；而"游方""飞歌""吃新""斗牛"等习俗，则渗透着苗族人民对生命的欢悦和膜拜。西江苗族男女老少个个能歌善舞，是有名的"歌舞海洋"和"芦笙故乡"。西江这块苗族聚集地又是节日最多、最具有代表性的地方，其中最庄严、最讲规矩、持续时间最长也是最神秘的是13年一次的鼓藏节，即祭祀祖宗的大典。过节时，三亲六戚纷纷沓来，客人抬着糯米饭、鲜鱼、活鸭，满载殷切情感来一同祭祖庆丰收。其他节日还有一年一度的苗年节、吃新节、爬坡节等，节日颇为丰盛，可谓"大节三六九，小节天天有"。①

（二）民族文化旅游

民族文化旅游是旅游人类学重点关注的对象。旅游与文化密切相关，旅游人类学既成为人类学研究的重要分支，也是旅游学研究的重要视角。"旅游往往是有目的的，而文化方面的特殊价值决定着旅游的目标。在许多美国印第安人社会里，年轻人离开自己的营地到外面旅游，去遭受困苦，去经受适当的精神锻炼，以达到今后人生更高的境地。在印度，在中世纪的欧洲，在伊斯兰世界，人们进行艰苦的朝圣活动，目的就是寻求精神上的启迪。"②

旅游人类学特别关注少数民族地区旅游，今天，这种"少数民族地区旅游"已经成为一种大众流行文化趋势，也是大众旅游的一个热点方向。在西方社会发展过程中，"以前贵族们都是到欧洲和远东的一些历史文化中心去旅游，而后来他们开创了另一种旅游形式，这就是后来的大众旅游，即出于娱乐和健康的目的，一些显赫家庭和富人阶级开始离开自己的常住地到外地进行有规律的年度旅游"③。

"第一次世界大战唤起了最后一轮文化革命，并催化出当今的大众旅游业。战争带来的灾难，不仅破坏了这些上层阶级的海滨度假胜地，同时也摧毁了许多显赫家庭和一些欧洲的贵族家庭，他们曾把巨资挥霍在上述

---

① 西江镇政府：《西江镇基本情况简介》，2014 年 6 月 19 日，见 http：//www. leishan. gov. cn/info/10571/225948. htm.

② ［美］Nelson Graburn：《人类学与旅游时代》，赵红梅等译，广西师范大学出版社 2009 年版，第 80 页。

③ ［美］Nelson Graburn：《人类学与旅游时代》，赵红梅等译，广西师范大学出版社 2009 年版，第 82 页。

这种生活方式上。20 世纪 20 年代，新富起来的美国人成为引领潮流的人，他们的身影不仅出现在巴黎，也出现在蓝色海岸。这些供上层阶级越冬用的'国际性'的休假地到夏天就变成了人们的避暑胜地。大自然不再远离人类，白皮肤也不再普遍受到喜爱。人们到佛罗里达、加勒比海旅游，并且认识到在阳光下暴露身体的益处，皮肤被晒黑成为一种时尚。摆脱陈旧的精神生活，克服虚伪的、沉闷的旧式贵族生活，他们所营造的自由气氛给 20 世纪 20 年代的生活注入了无节制的内容。人们有意地模仿普通人的生活，听民间音乐和爵士乐，形成一股势利的'学贫潮流'，并把黑皮肤视为性感。这无疑是在鼓励人们转变态度，使之意识到这种潮流现在几乎已是大众化的了。在这一时期，'民族旅游'和人类学本身也受到欢迎。虽然 20 世纪 30 年代的大萧条在某种程度上结束了这种放纵行为，而以欣赏自然、休闲娱乐与民族风情为旨趣的旅游，仍顺利地得以与以往旅游中所蕴藏的文化、历史和教育动机结合在一起，直至今日。"①

在理论方面，旅游人类学开辟了"朝圣"研究的新视野；今天对于一些人来说，诸多少数民族地区是他们"朝圣"式旅游的目的地，这也逐渐成为一种流行时尚。"旅游是一种个人或社会的仪式性表达，它被深深地植入了与健康、自由、自然、自我完善有关的价值观念，成为一种'再创造'的仪式，堪与朝圣及其他更具传统意味、更弥漫着宗教气氛的社会中的那些仪式相提并论。"②

朝圣与旅游之间没有坚实牢固的分界线。甚至当朝圣与旅游的功能被结合在一起时，即使它们必然会有差异，但却同时形成了一个彼此交融、

---

① ［美］Nelson Graburn：《人类学与旅游时代》，赵红梅等译，广西师范大学出版社 2009 年版，第 83—84 页。
② ［美］Nelson Graburn：《人类学与旅游时代》，赵红梅等译，广西师范大学出版社 2009 年版，第 118 页。

不可分割的连续体。我们不是宣称一切类型的旅游都具有典型朝圣的特质，但也不能排除任何特定的场合或个人会有这种可能性。①

在旅游人类学中，同样也关注旅游者的意义。"曾经有人认为，人类学以前的研究对象遍及世界每个角落，因此必须在其本土上展开对他们的研究；而其他人却指出，旅游者像人类学家一样，足迹遍布整个世界，他们试图用自己独特的方式来阐释'差异'。"②

旅游带来的势不可挡的现代化趋势，同样也是遭受批评的对象。这不是简单的非好即坏的问题，但旅游者到一个地方去旅游，是因为这个地方与其他地方不同，要么有异国情调，要么具有民族特色，或者更自然，甚至更原始。如果这些差异都消失了，这个目的地的吸引力也就没有了。矛盾的是，这些变化提高了旅游业的发展速度——包括基础设施、机械化运输、电子通讯和大型饭店等的发展，好像正是这些看得见的东西把世界同质化了。那些远离汉城、悉尼或不来梅的航空公司、公共汽车、饭店，甚至餐馆和烹饪，在许多方面已经很相似，不再有更多的差别。虽然人们可能可以保持建筑、服饰、饮食、色彩搭配、语言和音乐，甚至世俗仪式和节日等方面的明显差异来满足旅游者，但现代化却是一种更细致的、无所不在的现象。旅游业的成功，带来了一种新的生活方式，工作日程表、报酬率与升迁、读写能力与电子技术、官僚主义态度，都随着游客的到来而进入旅游目的地。与此同时，成功的旅游业可使当地人（特别是那些原来比较贫困的工人和农民）富裕起来，使他们也能够购买一些中产阶级享用的商品（如住宅和小汽车）、接受教育、去度假，甚至像那些旅游者

---

① ［美］Nelson Graburn：《人类学与旅游时代》，赵红梅等译，广西师范大学出版社 2009 年版，第 120 页。

② ［美］Nelson Graburn：《人类学与旅游时代》，赵红梅等译，广西师范大学出版社 2009 年版，第 333 页。

一样去旅行。①

民族文化旅游的概念目前仍然没有统一的界定。"学者们在研究中国少数民族文化旅游产品开发及相关问题时，经常使用'民族文化旅游''民族地区旅游''少数民族地区旅游''民族风情旅游''少数民族风情旅游''少数民族旅游''少数民族专项旅游''民族民俗旅游'，以及'民俗旅游''民俗文化旅游''民俗文化村''民俗旅游村寨''民俗特色旅游''区域民俗文化旅游''民俗旅游学''民俗风情旅游''生态博物馆'等概念。这些概念互有重复，有些则含义略有不同，反映了研究者们对一些基本概念的使用，还存在着一些分歧，尚未达成一致。但总体上看，它们都以某一地区的民族文化为基础，通过某种方式或从某种角度对民族文化形式及内涵加以产品化体现，构成为旅游者提供旅游经历的一种吸引物。因此统一使用'民族文化旅游'这一概念来统称上述各种术语。"②

民族文化旅游是一种以民族特有的风情文化作为资源的旅游开发模式，通过物质形式或者非物质形式向游客展现民族生活中的独特内容。③

原生态民族文化旅游是指以少数民族聚居区"民俗较少受到外来文化的冲击和现代化影响，仍保存着一种较原生的、未经改变的传统民族文化"资源作为旅游载体的旅游开发、利用和体验过程。④

本书对民族文化旅游的界定是：为促进地方现代化建设，提高民族地区经济社会发展水平，以民族文化资源为依托，通过基础设施建设开发、民族文化产品设计、旅游产业链条的打造等环节，创造吸引旅游者的景

---

① ［美］Nelson Graburn：《人类学与旅游时代》，赵红梅等译，广西师范大学出版社 2009 年版，第 346 页。
② 吴必虎等：《中国民族文化旅游开发研究综述》，《民族研究》2000 年第 4 期。
③ 郑秀娟等：《民族文化旅游发展中家庭参与度解析——以云南泸沽湖地区为例》，《黑龙江民族丛刊》2014 年第 3 期。
④ 杨昌勇等：《黔西南州原生态民族文化旅游研究》，《贵州民族研究》2013 年第 4 期。

区，并逐步融入大众旅游类型之中的流行文化潮流。

（三）城乡流动

城乡流动的主体是农民，在从农村流向城市的过程中，农民完成农村劳动力转移，成为农民工；从城市返回农村的农民工，又进一步蜕变为农村创业者。当然，返乡农民工的情况具有多样性，最积极的结果是成为农村创业者。农村劳动力转移，即农村劳动力不在本村从事农业生产，人地分离，个人收入来源主要是非农业劳动收入。农村劳动力转移可以分就地转移与异地转移两种形式，就地转移是指脱离农业生产从事非农产业；异地转移是指离开原居地（本乡镇以外地方）寻求就业与发展机会，既包括从事非农产业，也包括从事农业。过去强调农村剩余劳动力转移，其实农村劳动力"剩余"都是相对的，因为农业生产的劳动力投入具有弹性。农民工主要是指户籍身份还是农民，有承包地或失去承包地，但主要从事非农业，以工资为主要收入来源的人员。农民工可分两大类：一类是城市农民工（这也是狭义上的农民工），一般是跨地区（出县）外出进城务工人员，他们"离土又离乡"（进厂又进城）；另一类是乡镇农业工，在本县域境内从事二、三产业的农村劳动力，他们"离土不离乡"（进厂不进城）。①

农民的城乡流动给乡村带来深远的影响，但是其流动首先给农民带来了改变。"农村作为劳动力的输出地，劳动力的大量转移所带来的影响更为深远，不仅能增加其个人和家庭的收入以及提升其人力资本，而且对于输出地的经济发展也会产生巨大的影响。在对农户的调查资料中发现，无论在相对发达还是相对不发达地区，农村劳动力外出打工对于家庭收入的

---

① 甘满堂：《农民工改变中国——农村劳动力转移与城乡协调发展》，社会科学文献出版社2011年版，第6页。

提高均有很大的作用。农村劳动力的转移对于提高农民的素质有积极的作用。农民进入城市，告别世代繁衍生息的封闭乡野，卷入现代社会生活的漩涡，不仅得到收入和技术，更为重要的是在精神上受到了前所未有的现代化洗礼，熟悉了城市文明和新的生活方式，促进了他们现代性的增长。"[①]

具体来讲，农民的城乡流动给乡村经济社会发展带来两个方面的影响。积极方面，能够促进农民素质的提高、农村社会阶层的分化、返乡创业并促进农村经济发展。"农村劳动力转移不仅能促进农民增收，而且还可以促进农村劳动力素质的提高。经过城市文明与现代工厂制度的洗礼，回流农民工的物质水平与精神面貌都得到改善，他们不再满足做个普普通通的农民，多数成为创业型农民，改变了农村传统的阶层结构，成为农村发展的中坚力量。"[②]

同时，农民的城乡流动也给农村社会带来诸多问题。"农村劳动力转移，打破农村原有封闭状况，使农村走向一种全面开放的状态，资金与劳动力回流，促进了农村发展。但农村劳动力转移也为农村社会发展带来系列的问题，如家庭成员分离而导致的留守儿童、留守老人问题，因农村劳动力流失而导致的村庄公共产品制造困难、村庄治理陷入困境等。"[③]

实际上，城乡流动既是持续的过程，又跨越代际。对于一个劳动力而言，他的城乡流动以城市居住、工作时间为主，期间不断往返城乡之间。对于一个非劳动力而言，他要结束城市工作和生活，回到农村养老，也需要往返城乡之间，这是一代农民工的结束。所以城乡流动需要动态处理，

---

① 甘满堂：《农民工改变中国——农村劳动力转移与城乡协调发展》，社会科学文献出版社2011年版，第72、73页。

② 甘满堂：《农民工改变中国——农村劳动力转移与城乡协调发展》，社会科学文献出版社2011年版，第115页。

③ 甘满堂：《农民工改变中国——农村劳动力转移与城乡协调发展》，社会科学文献出版社2011年版，第119页。

相对地城乡流动的影响也需要动态分析。如果从劳动力转移角度来分析，农村劳动力转移不一定带来"创业潮"，促进农村发展，需要具体问题具体分析。根据农村劳动力转移模式与县域经济发展程度，可以将目前劳动力流动状况下的农村发展模式分为三种（如表0-3），而不是简单的二元论模式。[①]

表0-3 劳动力转移背景下的乡村发展模式

劳动力转移模式	就地转移	异地转移（雇工式）	异地转移（自雇式）
县域经济状况	发达	不发达	一般
乡村收入主要来源	本地工资与经营性收入等	外地汇款	外地汇款
劳动力收入水平	较高	较低	较高
回流农民创业热情	较高	较低	较高
发展模式	内生式发展	依附式发展	激发式发展

资料来源：甘满堂：《农民工改变中国——农村劳动力转移与城乡协调发展》，社会科学文献出版社2011年版，第124页。

　　从乡村发展模式的角度看，西江的情况可以说完成了从"依附式发展"向"内生式发展"的转型。这一方面得益于民族文化旅游的发展，提升了"县域经济状况"，开拓了"乡村收入主要来源"，提高了"劳动力收入水平"；另一方面得益于回流农民的积极响应，并进一步带动劳动力的就地转移，这是多年来农民城乡流动的客观效果。

（四）社会变迁

　　社会变迁即社会结构与功能的演变所引发的一切社会现象的变化，社会变迁的核心是社会结构的变迁。广义社会变迁即社会的发展、进步或倒

---

　　① 甘满堂：《农民工改变中国——农村劳动力转移与城乡协调发展》，社会科学文献出版社2011年版，第124页。

退等社会现象与过程的总称，狭义社会变迁即社会结构变化。[①] 所谓生活方式是指人们在一定的社会条件制约和在一定的价值观念指导下所形成的满足自身需要的生活活动形式和行为特征的总和，简单地说就是指人们怎样生活。生活方式概念中包括如下三个构成要素：一是生活活动条件，这是一定的生活方式形成的客观前提，它包括自然环境和社会环境两大系统；生活方式的第二个构成要素是生活活动主体，生活活动的主体是人，既是个人的，也可以是群体的、整个社会的，对生活方式起指导作用的是一个人、群体、民族、国家甚至整个社会所具有的文化价值观念；生活方式的第三个构成要素是生活活动形式，即生活方式的具体表现。因为生活方式是一个概括程度高、层面繁多的综合性概念，所以生活方式还具有稳定性和变异性特征。[②]

本书所使用的社会变迁主要指人们日常生活中所发生的变化，这些改变主要是由宏观社会结构的转变引发，具体到不同方面的变迁而言，它们主要是以日常生活中的手机为线索串联起来的，包括经济分化、流行文化的变迁、社会交往（包括婚恋）、社会组织、家庭代际关系以及社会空间等方面的变化。

（五）民族志

本书实际上是对实验民族志的一种小小的尝试，如传统民族志的主题被有意地进行扩展，特别是关注文化研究的一系列主题；再如对于民族志的讲述者，本书并未回避多元化群体的声音；相对而言，这也是对文化研究的一种有益探索，如何在民族志方法上做文章，使得文化研究的细节突显出来。

---

① 郑杭生：《社会学概论新修》，中国人民大学出版社 1994 年版，第 375—385 页。
② 李淑贞：《现代生活方式与传统文化教程》，厦门大学出版社 2003 年版，第 13—14 页。

国内的文化研究目前已经析分出南北两种研究风格，一是京派的接近文艺学美学的风格，一是海派的人文社会科学的风格。后者已经展开了文化研究的内卷化，其中不乏民族志文本，例如《热风学术》系列著述的出版，这些学者以国内的大环境为立论基础提出"新的文化生产机制"等研究课题，认为西方的后现代话语批判对国内社会而言并非棘手要务，在如今的大转型大变革中我们面临的是一种突围，对旧的文化生产机制甚至社会生产机制的突围，所以在这样的背景下，文化研究不仅需要历史感而且需要一种"现场感"，需要深入社会人心展开批判，海派的这一实践可以说是一种对文化研究的文化自觉。

美国学者本·阿格在《作为批评理论的文化研究》一书中"将文化研究更新为批判性的日常生活，包括以下几个要素：（1）文化研究直接参与到流行文化的政治功能中。（2）文化研究帮助转换我们经历文化世界的方式，改变我们阅读、观察、聆听和书写的方式。（3）文化研究不要有技术、学术行话，要发展一种更为宽泛和公共的地方语言。（4）文化研究寻求路径来保留其理论性的同时还要开创公共话语。（5）在流行文化和官方文化间的断层线方面，文化研究重新定义流行领域，以此打破划分人类活动机制差异的经历和实践"。阿格不仅在理论层面重新建构文化研究，而且在操作层面为文化研究的内卷化指出方向。作为文化研究内卷化的策略之一，民族志文本直接参与到社会现实文化生活之中，并改变我们"阅读、观察、聆听、书写"的方式，这些民族志文本用普通人的话语书写，因为田野工作的地点多元，民族志书写可以被认为是一种宽泛的"地方"语言，它在介入日常生活的过程中体现了一种公共话语（来自底层），同时又能够联系不同的语境（包括各种理论与精英文化）。

西方文化研究学者在使用民族志的过程中改变民族志，从文学中走来的民族志又走到文学中去，它消解了内部的话语权力而指向外部的社会权力批判，特别是民族志对语境的关注体现了它与文化研究的兼容性。文化研究的民族志实践表明，借由西方已有的研究经验，我们可以把握这种文化研究的方法策略从而"内卷化"国内的文化研究，也可以从另外一种视角看当代的文化生活以期更好地发展文化研究。[①]

① 费中正、孙秋云：《文化研究内卷化的探索路径：一种民族志的视角》，《学习与实践》2011 年第 5 期。

第一章　碎片：1986—2010 年的西江

　　"碎片"这个词有感于 2013 年大陆出版的村上春树的一部随笔集①，他用美国杂志来反观日本社会的大众文化，也算是一种创新之举；31 年后结集出版，引发的是一些对 20 世纪 80 年代的共同回忆。从对迈克尔·杰克逊、阿诺·施瓦辛格、西尔维斯特·史泰龙、米克·贾格尔等天王巨星的关注，到对菲茨杰拉德、斯蒂芬·金等文学大师及作品的解读；从村上最为热衷的马拉松长跑、爵士乐、摇滚、音响、霹雳舞、拼字游戏、天妇罗，到赏名人、给 E. T. 的信、《纽约客》里的小说、《欲望号街车》等。②

　　1986—2010 年的西江同样只能通过"碎片"去拼接。在杂乱无章的碎片中，我们试图去发现其中对西江和苗民而言比较重要的片段，完成对西江在此时间段内的整体印象，从而析出对西江社会变迁至关重要的一些因素。在此之前，有必要弄清楚 20 世纪 80 年代的中国、西南民族地区、西江分别是何状况，以交代背景。至少也有那么一些共同的回忆。想必 20 世纪 80 年代及以前出生的读者会回忆自己亲身经历的一些时光影像，从大到小，也会整理出一条大致的线索。对西江也是如此。

---

① 参见〔日〕村上春树：《碎片，令人怀念的 1980 年代》，南海出版公司 2013 年版。
② 杭州日报社：《村上春树新书〈碎片〉被称村上最有趣的书》，《杭州日报》2013 年 9 月 26 日。

经济上，我国 20 世纪 80 年代正经历市场转型的过程。在 1980 年，《人民日报》4 月 9 日发表文章《联系产量责任制好处很多》指出，定产到田、包产到户是联系产量计算报酬的一种形式，是在生产队统一领导下实行包产的个人岗位责任制①。1982 年 1 月 1 日，中共中央批转了 1981 年 12 月召开的《全国农村工作会议纪要》并指出，全国农村已有 90% 以上的生产队建立了不同形式的农业生产责任制，大规模的变动已过去，现在转入了总结、完善、稳定阶段；《全国农村工作会议纪要》对改善农村商品流通、运用农业科学技术、提高经济效益、改善生产条件、加强思想工作和基层建设等方面，也都提出了合乎实际的政策②。

改革开放以后，中国的指导思想发生了变化。这时决策者不再着力于基本保障和平等，而是大讲"发展是硬道理"，致力于追求经济增长速度。为了追求效率或整体经济增长速度的最大化，其他一切都要让步，包括公平、就业、职工权益、公共卫生、医疗保障、生态环境、国防建设等。当时，新自由主义经济学家鼓吹的一个"下溢假设"（trickling down effect）相当盛行：只要经济持续增长、饼越做越大，其他一切问题都迟早会迎刃而解。

在这种意识形态变化的大背景下，中国分三个阶段经历了从伦理经济演化到市场社会的转变。第一阶段是市场的出现（1979—1984年），其间零星的商品交易市场开始出现，但它们在整体经济中的作用仍十分有限，行政权力对经济行为的干预依然很强，非市场体制与关系仍然占据上风。第二阶段是市场制度的出现（1985—1992年），其间一套相互关联的市场制度开始出现，如产品市场、劳动力市场、资本市场、外汇市场、土地市场等。到这个阶段，等价交换、供求关

---

① 旷晨等：《我们的八十年代》，广西人民出版社 2004 年版，第 6 页。
② 旷晨等：《我们的八十年代》，广西人民出版社 2004 年版，第 29 页。

系、竞争等市场原则开始在经济生活中发挥作用，但它们还没有大规模侵入非经济领域。第三阶段是市场社会的出现（1993—1999 年），其间市场原则开始席卷非经济领域，大有成为整合社会生活机制的势头。①

文化方面，20 世纪 80 年代除了知识分子掀起的"文化热"②，就是大众流行文化领域的悄悄变化。80 年代属于中国电影的黄金时代，从《少林寺》《高山下的花环》《芙蓉镇》到《红高粱》；也是电视机逐步走进家庭的年代，包括内地剧、港台剧、日剧、欧美剧以及国产动画片，这些崭新的文化形式刺激着中国人的神经；在 1983 年春节联欢晚会诞生，它一直走到今天；1982 年"车到山前必有路，有路必有丰田车"的广告成为经典，从那个时候开始各种形式的广告不断刷新国人的头脑；在流行音乐方面，邓丽君、崔健影响了整个时代，同时抒情、民谣、西北风格的音乐也丰富着人们的文化生活；实际上，80 年代也有诸多流行语，例如个体户、专业户、万元户、迪斯科、大哥大、老板、民工潮……③

在科学研究方面，20 世纪 80 年代大陆向国外学者敞开大门，使得今天能够通过他们当年的研究细节去回看中国社会，特别是中国西南民族地区。

　　20 世纪 80 年代，中国大陆重新向国外的人类学家开放，美国人类学的中国大陆"回归"结束了 50 年代以后美国人类学家们从港、台"遥望中国"的研究特点。从那时起，来自美国的人类学家大致分成了两个阵营：一批人类学家走向中国的华北和东南沿海地区，围绕着"汉学人类学"所一直关心的乡村社会、宗族制度和民间宗

① 王绍光：《大转型：1980 年代以来中国的双向运动》，《中国社会科学》2008 年第 1 期。
② 参见贺桂梅：《"新启蒙"知识档案——80 年代中国文化研究》，北京大学出版社 2010 年版。
③ 参见旷晨等：《我们的八十年代》，广西人民出版社 2004 年版。

教问题，去寻找汉人社区研究的田野点；而另一批则以中国西南边疆的少数民族地区为聚合点，试图从汉文化辐射的"边缘"地带去寻找新的视角，探索一些新的课题，并致力于开拓出一个全新的领域。

通过文化展示（cultural representation）的理论来探讨少数民族社区在全球化的语境之下所涉及的族群空间关系、权力格局、发展与保护以及女性性别等问题，这也是 90 年代中期以来对中国西南研究影响较大的一种研究倾向。在中国少数民族地区，由于自然资源的国家化，全球化在中国边疆的语境中更多体现的是文化资源的资本化。民族地区旅游业的兴起将少数民族的各种文化展示推向人们的视野，而人类学者所关注的是文化符号的流通过程，即看与被看、展示方与观众之间的非均衡权力关系，对文化展示的讨论也主要集中于文化实践的意识形态性方面，同时也融入了对中国少数民族地区的"发展"（development）与"现代性"（modernity）的反思。

80 年代进入贵州省黔东南的一个苗族村寨进行研究的路易莎·歇恩（Louisa Schein），正是这一研究范式的代表人物。在美国年轻一代在中国从事田野的人类学者中，歇恩从本科阶段就开始到中国学习，也是最早进入中国西南边疆进行田野考察的美国学者之一。她的研究兴趣长期以来具有跨境的特点，并对居住在中国西南、东南亚和美国的苗族作了多年的研究。在歇恩的成名之作——*Minority Rules*（《少数的法则》）一书中，她从多个层面对苗族的文化展示进行了描述与分析，并对文化展示背后的政治元素进行了诠释。①

路易莎·歇恩（Louisa Schein）当年去的苗族村寨就是西江，今天西

---

① 彭文斌等：《20 世纪 80 年代以来美国人类学界的中国西南研究》，《西南民族大学学报（人文社科版）》2007 年第 11 期。

江"千户苗寨"已经成为一个民族文化旅游的品牌。

西江位于贵州黔东南苗族侗族自治州雷山县境内，地处国家级雷公山自然保护区的雷公山麓，距雷公山主峰 58 公里，距张秀眉、杨大六起义的军事要地雷公坪 10 多公里，是沅江支流清水江源头之一，海拔 833 米，东经 108°10′02″，北纬 26°29′07″，距雷山县城 36 公里，距黔东南苗族侗族自治州州府凯里市 35 公里。西江苗寨包括羊排、东引、平寨、南贵等 4 个行政村及 10 多个自然寨，各村寨互连成片，形成整体的千户苗寨。据统计清朝咸丰年间（1729 年）西江苗寨有 600 多户；民国 34 年（1945 年）人口为 1000 余人（因 1942 年的"黔东事变"，使西江人口减少）；1949 年为 3100 余人。1952 年为 3300 余人；1953 年第一次人口普查西江苗寨人口为 3400 余人；1964 年第二次人口普查为 1040 户 5326 人；1990 年第四次人口普查为 1227 户 5858 人；1997 年为 1115 户 4616 人；2005 年统计显示，西江千户苗寨四个村为 1258 户，人口为 5326 人。①

据 2007 年底的统计，西江苗寨拥有 1086 户苗族人家，居民 5358 人，苗族人口 5287 人，占西江人口的 98.7%，因而称之为"千户苗寨"（2009 年 7 月西江苗族博物馆的陈列说明）。

一、城乡流动：侯誉桥的广东经历

在西江苗寨未开发旅游业以前，外出务工成为苗寨社会发展的主要动力。这里以一位被访者的流动经历为例，展现个人生活史框架下社会变迁的图景。从一个人的经历中我们也可以感受到苗寨现代化的动力主要来自

---

① 中国民族博物馆：《西江千户苗寨历史与文化》，中央民族大学出版社 2006 年版，第 1—2 页。

哪里？

侯誉桥在西江博物馆边的巷子里开了一家饭馆，每天基本都是在店里做生意，偶尔出去菜场买菜，仅春节期间停业了一天，因为哥哥家里杀猪，他过去帮忙。他有专业厨师证，家族中办什么事情要吃饭请客的都会请他去帮忙。侯早年出去打工，回到西江后，原本的熟人社会逐渐陌生，现在也就与自己房族兄弟较熟悉，往来较多些。

初中后（我）就出去了，初三快毕业了，太好玩了，就出去了，不学了。1988 年、1989 年出去的。以前的西江什么也没有，没有这些门面的东西，只有点小卖铺。以前这个房子（做餐馆的门面）是供销社。

出去就是去广州市里，刚去搞水泥啊那些，修路的，广州迎宾路是我们搞的。做了几个月我又去犀牛角（那里）挖地基十几天。我又去给人家拉潲水那些。当时是自己一个人去广州的，老板带我去的，那时生活也不好的，没什么钱。后来拉潲水那老板没钱了，发不起钱了，我就不干了。去饭馆打零工了。

不到一年我就进餐馆打小工了，1991 年就开始搞伙食了。

有段时间一个多月没事干，住在华南师范大学那里，后来一个老乡带我们去番禺，搞路（工）、水泥（工）。后来又到砖厂。太累了，（干了）十几天不干了，又回到华南师范大学那里。后来又到一个工地去做饭，但是那个工程款收不回来。后来又回到军医大学那里，跟我哥哥一起，打零工。

开始做餐饮，师傅看我做事还可以，就开始教我配菜、炒菜。那老板还不错，我做了二十五天，老板叫我年后还去，还多给两百块钱。年后我又去那里没开门，我又去重找了个餐馆，在那做配菜。跟那些师傅玩得很好，他教我炒菜。在那干了半年，跟老板吵架了，就被炒了。

后来又到另一个地方去，在那就开始炒菜了。那老板也是好玩，两公婆（两口子）老是吵架、打架，小孩子也不管了，我就背起个小孩在厨房炒菜、配菜。跟那老板玩的很好，干一段时间，他那地方被政府征收去搞建筑去了，又没得干了。

我又转到广州海事局那里，是之前的师傅介绍我去的。回来炒菜师傅抽水了，我之前不知道，老板给我 600 块，师傅抽走 200块，领钱他去领了，就给我 400 块，我就一拍桌子不干了，工钱太少了。

后来我就去个茶楼干了，也是以前玩的好的师傅介绍的。在茶楼遇到之前的老板，他说把那个炒菜的师傅炒了，让你干，可是我茶楼的老板又不放人，两边争我啊。后来我回去了，在那干了两年时间，那时还年轻，才十八岁。后来他那个餐馆租期到了，搞不下去了，就不干了。

然后以前的老板又开了个餐馆，千方百计找到我。我在那做很久，在那谈了两个女朋友。平时接触的是朋友比较多，老乡很少。两个女朋友都是服务员那些，都没谈成。在那干了三年，累了又转了个饭馆，在华南理工大学那里。以前的老板都给我到一千六百块了。

期间没有回来过，直到十三年前的鼓藏节（1998 年），才带我老婆回来过节的。中间有段时间（1995 年、1996 年），我以前的女朋友介绍我去搞传销，花了好多钱，一万块钱被骗了。后来我跟老婆回来过节身上都没什么钱的，只有五六千块。相隔 8 年我们才回家，跟我哥住，我们去凯里买了三台电视回来。一下来我妈就在那接我，又矮又小的，我一下就哭了。

中间就写写信联系。那时电视还不普及，我们买了彩电回来，天天都有人来家里看。电话更少了，小卖铺那里有电话，有的家庭好的也有。那时还有大哥大，CALL 机，城市里当老板的有，西江这里看不到。

那年的鼓藏节热闹多了，是我们镇自己办的，有晚会、跳舞啊。不像现在是政府干涉的。那时是请假回来的，过完又回去上班了。鼓藏节后很快春节了，第二年四月老婆怀了女儿，回来办婚礼，生了孩子。

到 2008 年我就辞职了，我准备回家了，但是又给我以前华工那个老板请到中学那里。那时老板找到我，都是通过人找人的，认识的人多。那老板的哥是我们公司的行政总厨，他听说了，就叫我去他承包的那个学校饭堂做。我当时的老板、经理都不想放我去的，还是去了，没办法，在那待了两个多月，就回家过年了，又回去给他做了半年，我叔叔过世了，我就回来了。

2009 年下旬回来后又给农家乐打工的，刚回来就在西江酒楼那里做，做了二十多天，之前谈的是底薪 800 块，抽水是 10%，口头的。那时生意不错，我工资就比较高，老板就不愿了，我就不干了，不守信用的。我就回家来又去农家乐，就做了 11 天，十一黄金周，就没什么人了，就辞工了，太无聊了。

回来就去学摩托车，结果把手骨摔断了，去州医院，医生要一万多块，我哪有钱，就去找我侄女的公公治了三天，在家养十天。后来贷款三万块起房子，起到一半没钱了，贷款又贷不到了，家里又没钱了，我就又想出去打工了，就出去广州那边，工作谈好了就要上班了，去搞了健康证，第三天去上班，干了两天，我那个农家乐的老板又电话找回我，叫我去帮他忙，我就很为难了，没办法我也想家，家里有老有小的，在外面我也存不到什么钱，我就回来了。在那里农家乐做了两个月，实在太无聊了，淡季没什么人。老板叫我回来主要是搞那个五一，人多。五一过了生意还是淡的。太无聊了还是辞工了，我又去信用社贷一点钱，回来装修房子。

回来手头还有点钱打算搞"牛杂串"那些生意。因为找不到门面，就打算摆个摊。然后那时候家里事太多了，侄子结婚，哥哥立新房，等把这些事情忙完后有个门面跟人一起搞，后来现在这个门面就一个人搞了。[①]

侯誉桥的人生经历就是一部打工经历或城乡流动的经历。虽然是他自己的经历，但回忆起来还是相当碎片化的。粗线条地讲，他 1988 年左右离开西江，初中毕业的年纪和文化水平；十八岁以前，侯誉桥的城市工作、生活是游离不定的，直到他学会了一门能够养活自己的手艺；一个人在城市生活时间过得快，也有趣，好像和家乡极少有交集，除了春节；第一次回家已经是近十年以后了，赶上西江过节，还有自己要准备结婚；婚后的工作、生活往来于广东省与西江之间，来来回回；几乎又是一个十年，侯回到了西江，主要因为西江民族文化旅游需要他这样的酒店厨师；最终在往返于广东和西江的过程中，他选择留在家乡，自己经营一家小餐馆，慢慢学会和不同的游客打交道。

在实地研究中，我们发现与侯誉桥同辈的西江苗民，从年轻时候的外出闯荡到结婚后的来回奔波，他们这一代人都有着类似的人生经历，这种经历首先表明中年苗民的城乡流动可能是西江变迁的原动力，这种动力一方面是他们为了改变生活所做出的个人选择，另一方面也标志着西江现代化的开始。其次，这样的城乡流动经历也成为后来西江的一种新的生活方式。尽管接着西江发展民族文化旅游成为一种新动力，但苗民的城乡流动依然延续着。在宏观层面上考虑这种流动，我们发现这是西江苗民在我国现代化进程中的必然选择。在城乡之间流动改变了西江和苗

---

① 调查笔记 15：2011 年 1 月 19 日，西江平寨。侯誉桥，男，39 岁，打工返乡后从事餐饮业。调查材料中的人名均为化名，后同。

民的生活。

二、发现西江：民族文化旅游宝藏

早期的外国旅行者"发现"了西江。李书记①曾经讲到早期来西江的外国旅行者（属于背包客），当然也提到了西江人都熟悉的路易莎·歇恩，她最早将西江作为人类学的田野点，并出版了《少数的法则》（*Minority Rules*）等作品。

在西方社会里，旅游、探险早已经成为一种流行文化。特别是像"背包客"这样的旅行方式，其涉及的地理范围更为广阔。一旦我国打开国门，允许国外旅行者进入，这些背包客会逐渐深入大陆的城市、乡村。我们已经无法考证在20世纪80年代前后有哪些国外"背包客"进入西江，只能从西江苗民的记忆、口述、传承中窥见。但是这些国外背包客之于西江的意义主要是"发现"，这种"发现"首先是在国外传递，而后会陆续有国外"背包客"进入西江，直到引起国内外专业人员的注意。

> 李书记说，我们这里的老太太看见老外，从来没有见过，很稀奇。那些老外就在你家睡，他们带的东西也多，样样都是带的，就是那个矿泉水让我们这里的人稀奇半天，等人家外国人一走，他们就赶紧尝尝老外喝的是什么东西，一喝，什么味道也没有，和我们河里的水没两样，这都因为我们从来没见过啊。你看看，我们这里当时是有多落后多封闭，那些外国人发现了西江的好，为我们宣传，但是现在他们都不来了。管你吃管你住的时候就原

---

① 调查笔记11、11-1：2011年1月17日，西江羊排。李书记，男，46岁，早期打工者，今为政府工作人员；李妻，31岁，早期打工者，今开办农家乐。

生态，等现在跟你要钱了你们就不来了，老是管你吃管你住那我们吃什么？

李书记这里强调了西江的变迁，由封闭落后到经济改善，甚至是观念的变化。让他最难过的就是这些外国人如今不喜欢西江了，只因他们太抠门。客观地讲，西方人发现西江，研究西江，与其旅游发展和学术发展相关，彼时的中国并未开始大规模地发展民族文化旅游，学术研究也未跟进，所以同一个地方，不同的人来看，观念不同，看的结果也会不同。至于为何"背包客"不来西江了，这恐怕是"背包客"文化所致；本书的后面也会说到，商品化堆积起来的苗寨只能是大众旅游的竞技场，西江大大小小的老板可能不会从"背包客"身上挣到多少利润，不等"背包客"大量地来，老板们就会厌烦他们的。

至于路易莎，在西江几乎所有苗民都或多或少地知道她，并强调她会说"苗话"。在路易莎近期的论文①中，我们可以看到她对西江理发店老板的描写。后来，理发店的顾姐对我说，路易莎当年（20 世纪 80—90 年代）来西江时正赶上西江稻谷成熟，后来西江人就给她起了一个名字，安娜（音），跟我们的"大米"的"苗话"很像，所以我们都知道有个老外叫安娜。实际上"安娜"最近一次来西江，顾才见到她。顾说，她会我们苗话，进来就让我给她盘我们苗族妇女的发髻。后来我给她盘了，很多人都在看。她还请我们吃了饭。她回来是跟西江小学赠送捐款的。她走在路上还给人家打招呼，用苗语……

外国人发现西江，这也是西江全球化、地方化、现代化的开始。西江后来逐步成为贵州省乃至全国著名的民族文化旅游景区，正是源于这样的"发现"。

---

① Louisa Schein，"Negotiating Scale：Miao Women at a Distance"，in Tim Oakes and Louisa Schein（eds.），*Translocal China：Linkages，Identities，and the Reimagining of Space*，London & New York：Routledge，2006，pp. 213-237.

三、蕨粑：西江的苦与甜

　　每年农历九月份十月份，蕨菜叶子都枯了的时候，其水分都集中在根部，挖出来的蕨根才有淀粉。把根打烂放到水里沥，让它沉淀出粉，吃的时候搭上杂粮、野菜做成"蕨粑"吃。蕨菜有两种根，一种做出来像糯米，一种像碾米的感觉。

　　蕨粑是西江很多人的记忆活跃点。作为一种主食补充，蕨粑帮助苗民度过那一段食物短缺的时期。它也成为老一辈西江人的集体记忆。在记忆中蕨粑象征着生活艰苦。它是那时生活的全部。通常西江人会拿它来对比现在的孩子生活条件有多么优越。西江人会拿它来说明自己生活的改变。类似地，像蕨菜这样的山间野菜类食物，曾经都作为食物补充出现在苗民的每一餐中。后来，在我们参加苗民杀年猪的会餐活动中，苗民说起野菜的故事，不是艰苦的生活，而是美好的现在。一位苗族小女孩被长辈们说到，她不喜欢吃青菜，但是特别喜欢吃野菜，长辈们说野菜现在是好东西，对健康有益，小孩子都比较喜欢，但是他们却很一般般，因为艰苦岁月中吃得太多，吃怕了。

　　今天，蕨菜成为西江旅游餐饮中的一道特色菜肴，蕨粑成为西江特色小吃中的一种。蕨粑从一种难以下咽的补充食物变为民族文化旅游商品，制作蕨粑的技术也由日常生活场景转入景区表演。来自各地的旅游者喜欢围观蕨粑小吃的摊子，好奇这种呈现褐色的油炸食品的口味，或者询问老板这种食物的制作流程；同样在各种饭馆、酒店的菜单上，蕨菜、蕨粑也会吸引旅游者的注意力，他们好奇这种食物，期待这种野菜类食品可能会给身体健康带来益处。当然，旅游者吃到的蕨粑已经完全能够下咽了，食用油、白糖、细粮……这些辅料是若干年前苗民不敢想的食材。蕨粑已经是甜的了。它象征着西江苗民普遍改善的生活，给西江民族文化旅游带来的商机。

蕨菜不仅西江有，但是蕨菜的意义只有西江苗民体会更深。蕨菜就是龙爪菜。杨开县的父亲说，我们这里的人去城里饭店吃饭，看见有龙爪菜不知道是什么就点了，后来上菜一看就是我们家乡的蕨菜，在那里要五十块一盘，后悔的很；现在，蕨菜根很贵的，反而成了好东西了。[①] 就是这种变化深深地在苗民生活中烙印，他们慢慢地体会，慢慢地在生活中去发现，发现诸多变苦为甜的妙招。如今在西江的大大小小餐馆饭店，蕨菜成为一道西江旅游的特色菜，可能老一辈的西江人吃了它会很有感触的。在变迁的生活中蕨菜成为参照物，它曾经是苦的，它能映射出西江穷苦的生活记忆；它现在是甜的，能够创造价值，同时也成为西江民族文化旅游的一种新名片。

四、劳动：社会化的西江青少年

西江苗族青少年的成长时光至少在他们看来是美好的。他们小的时候父母不在西江，小伙伴们在一起怎么玩耍都不会遭到长辈们的反对，父母远，管得少，孩子们当然生活得自由自在。等到初中毕业，一些脱离学校教育的孩子们已然准备好步入社会了。他们有的远离家乡，跟随有些陌生的父母去打工，有的和亲戚朋友一起出门闯荡，看看长辈们口中的那个城市到底什么样。不出意外的话，他们会沿着父母的足迹往返于城与乡之间，在工厂、建筑工地、饭馆、集镇、公司等场合慢慢成长，然后带着"想留却留不下"的遗憾离开城市回到家乡，因为西江的一切都希望他们

---

① 调查笔记 57：2011 年 2 月 1 日，西江羊排。杨开县，男，42 岁，打工返乡后从事建筑装潢。

回来，他们也老了。这就是对城乡流动的代际传递过程的想象。

好在西江发展民族文化旅游给这些年轻人带来了人生的机会。熟悉的家乡一步一步地远离他们的生活，摆在他们面前的是崭新的世界。学习驾驶技术，开一辆面包车；模仿城市里的娱乐活动，开一间酒吧；重新改良民族歌舞，参加西江演出队；发掘儿时的吃食，开一间小吃店；用他们熟练的普通话与外面的人接触，开始谈各种各样的生意；……总之西江能够有他们的用武之地了，在机会面前除了经济资本是可遇不可求的，其他方面对于他们来说均有准备。西江苗族青少年具有的良好品质，能够成就他们的多种多样的野心。执着、勤劳、灵活、团结、独立……正是这些坚毅的品性，支持他们去寻找经济资本，在西江民族文化旅游市场中谋得生活之道。

这一切当中劳动起到关键作用。虽然在农业劳动方面，西江青少年与其父辈存在本质差异，但在西江青少年成长的过程中城乡流动和民族文化旅游支撑起一片天，他们通过劳动掌握生存技术，通过广义的劳动锻造了这些青少年的品格。随着西江青少年陆续返乡，他们完成了从城乡流动到参与西江民族文化旅游的转型，昔日的经历正好派上用场。不止一次我聆听这些青少年畅想他们的未来，规划他们的生意经，提出他们的疑虑，反思他们的问题，从中我能够体会他们的自信，还有他们对成功的渴望。最终西江的发展谁都无法预料，当我被问到西江以后会怎样时，我也会先想一想我的发现，然后想着西江还有这些年轻人，西江的未来也必将由他们支撑。

西江年轻一代的童年实际上是在父辈城乡流动与西江发展民族文化旅游中度过的，结果这些不懂务农的新一代却能够在旅游餐饮业中捞得一票。上学与劳动的关系即教育与劳动社会化，其在西江苗民上两代人之间的差异表现明显。父辈边上学边学习务农的技术，即使以后出去打工，回来后依然能够"上坡"做农活。但是下一代的教育发生了变化，知识的学习将劳动撇开了。结果大部分西江年轻人是知识没有学好，初中辍学；务农没有接触，对土地陌生。例外的是下一代的苗民青少年家务做得极好，做起饭来很麻利。有几次，我们在当地人家里做客，年纪大的从来不动手，都是像 30 岁以下的这一代忙活。他们的经验来自同辈群体的娱乐。与上一辈人"学习加劳动"不同，这些年轻人从小的生活就是学习加娱乐，而野炊是很受欢迎的娱乐方式，现在还在持续。当然从性别的角度考虑，男孩娱乐的时间对于女孩来说可能就是做家务的时间。但是他们都不再"上坡"劳动了。他们的父母可能在外打工，农业劳动由爷爷奶奶打理，等到父母回来了，还是不需要他们，何况到这时他们也已经不会劳动了。

五、发展的阵痛

发展民族文化旅游成为西江跨越的开始。几乎所有的发展成绩都可以归功于西江的旅游开发，但是几乎所有的发展代价也都被归咎于旅游开发，这就是发展的悖论。苗民对旅游业的态度是又爱又恨，他们往往面临一种选择，即在家从事旅游还是外出打工。究其原因，苗民的逻辑自然又回到这种发展的悖论之上，例如侯家就是一个典型的案例，代表了失地农民的无奈，同时也代表了西江发展的阵痛。侯在春节期间有游客来的时候，每天都在河边"世博林"那里做民族服装照相生意。他家的一些情况反映出西江在发展民族文化旅游中所遭遇的阵痛。

> 2007 年回家是因为这边房子拆迁了，没办法。2008 年旅发大会后，我们搞搞小生意。我家老房子是在"表演场"那里的，政府说话不算数，也不给你写白纸黑字那些，我们也不是满意的。我兄弟姊妹 7 个，房子是父母的。风雨桥那里的房子是第一次我们被拆迁，后

来到"表演场"那里又被拆，第三次又被拆在后面那里（市场后面）。现在住的房子是政府安置的，我们三个兄弟都是政府安排住在这里的。还有两个兄弟没当家，老六在政府工作，老七在这里跟老四开酒吧，现在搬到菜市场那里，他新房子在那里。

现在想出去打工都去不了了，这个房子事情没搞好，走不了。我们没有土地了，退耕还林还完了，我们七兄弟只有三个有土地。

回来以后就开始做现在这个（照相）生意了①，那时我们只有三家做的，2008年前后。那时来旅游的人很少，有些外国人来，看苗族衣服，他们觉得很有意思，花花绿绿。2008年开始时还没收门票，2009年3月份才开始收门票的。没有收门票的时候，人很多的。收门票后人就少了。有游客（跟我们说）嫌门票贵的，但我们也没办法的，让他们可以去旅游局投诉的。现在生意也就不死不活的。去年晴天多，来的人也多，周末人也多，生意好的。2008年冬天、今年都冷，生意也不好。

西江这边变化最大的是2008年旅发大会以后，之前是一瓢死水，之后也是搞得有声有色了。之前这里主要是出去打工赚钱，搞点农副产品到凯里去卖。2008年开发后，矛盾都出来了，老百姓跟政府的矛盾，拆迁、搬迁啊，很多事情都出来了。现在老百姓也不愿意理（会）政府的事了。而且现在穷（啊）富（啊）的都明显了。有的开农家乐搞钱了，有的在山上什么也没有。以前大家都一样的，穷富也没那么明显，大家都打工的，大家有什么事也都愿意跟政府配合。现在做生意还没有交什么费用，就是一周2块钱（卫生费）。生意摊从（沿河）那边搬到（"世博林"）这边是政府说看着不好看。搬来之后生意影响很大的，游客都很少往这边来，看不到。

---

① 主要为旅游者拍摄纪念照。旅游者穿西江苗族服饰，借西江的背景拍照，以示纪念。

现在最大的心病就是房子，房产证、土地使用证、水电啊之类的都没搞好，政府一直拖着，去找他们也找不到，这些后续的工作都没搞好。我们这里人多地少的，地基很少的，好不容易起了房子，政府还要来干涉。你不帮就算了，还要干涉，怎么生活，一家人怎么住。这边做生意的外地人多，农家乐三分之二都是外地人承包了，只是租的本村的房子。那些土特产、旅游产品店都不是我们本村的人。这边房子的事情搞好了，要是生意不好，游客不来的话，我们还是要出去（打工）的。在西江没法活下去了，也没有地。在外面打打工，做做生意的。①

侯家是一个典型的案例。在西江旅游开发征地拆迁问题上与政府产生矛盾，至今问题仍未得到完全解决。类似事情上在西江镇对政府不满的人家不在少数，只是侯家的情况较为严重。后来我们还到过一户人家，当时兄弟两个在家，他们刚从亲戚家喝过酒回来，因为有些醉了，拉着我们就说征地的事情，抱怨政府的行为，大体是说一亩地补偿的钱太少了之类的话，后来他们知道我们的身份，也就不再说了。中国有句古话讲"不患寡而患不均"，西江苗民从同一个起跑线上起步，短短几年时间，大家从普遍贫困到贫富不均，心理上自然不舒服，在一定程度上说这是中国发展的一个缩影。伴随着苗民贫困的解除，西江更看中公平和正义，苗民的追求更高了。

在本书的后面，读者会看到这种经济分化的具体细节，会看到由民族文化旅游引发的一系列矛盾，现实的发展矛盾和心理的矛盾。苗民喜欢旅游开发，它带来了生机与活力，同时苗民也抱怨开发，因为其生活确实被打乱了，以往的社会天平现在发生了倾斜，失衡不仅带来经济利益方面的

---

① 调查笔记 13：2011 年 1 月 18 日，西江平寨。侯振，男，38 岁，打工返乡后从事旅游业（照相）。

问题，还引发社会结构方面的矛盾，文化观念的迷茫，以及公共—私人生活的困惑。这一切使得苗民在城乡流动与参与民族文化旅游之间摇摆，流动起来至少能够多一条退路。发展的阵痛在所难免，苗民也深有体会，但是如果没有一条明确的目标催促着西江向之前进，那么苗民所遭遇的这些阵痛就毫无价值可言。恰恰就是在这种社会转型的关键时刻，西江未来的方向问题呼之欲出，解决它需要西江苗民的共同智慧。

六、西江的未来之问

　　杨开县曾经问我，西江的地里怎么一直没有变化；他从小上学就知道以后会是农业机械化生产，现代化操作……为何今天仍然没有？侯誉桥问我，西江今后怎么办？是否还是现在这样？现在这样好像不行，如果游客哪一天都不来了，我们怎么办？……

很少有苗民问我类似的问题，无论我能否满足他们对我的期待。换句话说，提出类似疑惑的这些苗民令我印象深刻。他们往往具有城乡流动的经历，返乡后经营着自己的生意，有些苗民还比较成功。他们能够站在一定的高度去思考自己的未来，再进一步思考西江的未来之路。我想他们也并不期待能够得到什么完美的回答，这样关于西江未来的提问就营造了我与苗民共同探索问题的空间。本质上本书的一些发现就是基于我与苗民的共同探索，尝试着发现西江的现存问题，并从理论和实践两个方面去思考问题的解决方案，如果这些方案拧成一股绳，就会指向一个明确的方向或者目标，这是苗民所希望看到的。当然更多的苗民容忍了这些问题，也并不考虑西江的未来会是什么样。

　　对于西江的发展，镇政府已然有着清晰的判断，下面记录的李书记的谈话表明了一种官方的立场。事实上，西江民族文化旅游的发展是一种政府主导型的开发模式，这与苗民的城乡流动有着本质的区别，面对利益问题，苗民与政府决策者是否能够达成一致还要看双方的眼光究竟有多深远。至少在西江未来的发展方向问题上大家都在积极地思考，西江不能大起大落已经成为共识。这个问题让我想起国内其他民族文化旅游景区的发展情况，别人走的路可能不同，做出的选择可能基于不同的境遇，但是也能够为我们展现一些镜鉴，思考西江的路在哪里。例如云南省的"丽江古城"，贵州省的"朗德上寨"，前者的"原住民"逐步地搬迁离古城，后者却遭遇游客锐减。

1990 年开始西江出去打工的人多起来，本地土地承包后，劳动力过剩，沿海广东那边开发，缺乏劳动力，出去更好些。那时交通不好，路都是泥路，是一个先头的人去了，回来带别人去。从广东到浙江，1998 年、1999 年以后好多人偏向去江浙一带，那边自然环境好，工资也稳定些。

最早来旅游的是外国人，那是在 1995 年、1998 年的时候，但是比较少。也不做什么，就到各家串串。国内游客开始出现是在 2000年以后，零星的，主要是北京、上海的。北京搞民族文化调研的。现在老外不来了，说西江变了，带入商业味了。我们说是现在收费了，不像以前招待你们吃了，就说不是原生态了。（国内）游客 2001 年开始多了，2008 年"旅发大会"后是最多的。

旅发大会后游客变多，不是这个会的力量大，而是会前 2008 年3 月开始我们就把这里的工作做了预备了。征地拆迁，建"风雨桥"，建"观景台"，打造出了西江。2008 年前都是自己家的房子，没有现在农家乐的条件。会后就按外面的一些要求建了，带有卫生间的房子，不然（游客）住不下（去）的。旅发大会宣传作用也是大的，让很多人来看了。旅发大会以后出去打工的其实相对很少了。一些没有经济头脑，没有资本在下面做生意的，没有一技之长可以在本地谋生活的，不能适应旅游经济的，他只能去外地谋钱了。凡有能力、有头脑的都是不会出去的。因为我们现在采取住房保护、文物保护，现在给老百姓一些补助，保住这个背景就是西江的大背景、特色。为留住游客，不是只在下面游一圈就走了，动员山上面的村民多搞些民族（文化）的东西，刺绣那些，吸引游客可以上去，多看。

"朗德"因为跟（西江）千户苗寨习俗各方面都一样，都是苗寨，表演都是一样的，看了千户苗寨也不会再想去看"朗德"了。如果政府打造一个苗寨，再打造一个侗寨，效果会更好。黔东南地区打造两个就可以了。①

李书记认为，朗德之所以衰落下去，是因为大家都来西江旅游了。这两个地方一切都一样，西江比朗德大，所以谁会看了西江还跑去看朗德呢？同时老百姓应该保持西江的风景，另一方面积极吸引游客到山上去，民族的东西多开发一些。这表明西江镇的发展思路是清晰和明确的，虽然西江是政府主导型开发，但是民族文化旅游的精髓还是在于民族文化的利用和开发，这一关键的地方没有被忽视。所以为了保护民族文化资源，政府采用补贴的方式尽可能保持西江整体风貌；为了开发、利用民族文化资源，政府积极推动旅游产业链的各种产业发展；为了深化西江民族文化旅游的内涵，政府也尝试引导苗民开展传统手工艺为核心的体验式旅游。

苗民却不这样认为。实际上，老百姓紧盯着农家乐、门面、餐饮等旅游项目，反倒是忽略了西江应该有的特色旅游项目。民族文化旅游不仅是文化搭台，经济唱戏，更应该走文化产业的规范发展之路。苗民是民族文化的创造者、传承者，他们生活其中，却置身其外。农家乐等发家致富的旅游项目真正吸引着苗民，可是这些人却没有考虑：一旦西江的民族文化

---

① 调查笔记11-1：2011年1月17日，西江羊排。李书记，男，46岁，早期打工者，现为政府工作人员。

特色被这些大众旅游元素冲刷殆尽，西江旅游会怎样？苗民的注意力不在民族文化上，要么就会偏向大众旅游，客栈、酒吧、歌手、流行时尚，……要么就会失去游客。想必苗民的时尚感会败给专业投资人的，这不构成一个问题。西江的未来在哪儿？这更需要再多一些的苗民去问，去思考。

在西江没有开发旅游以前，曾经搞过家庭博物馆，这是有益的尝试。但是，家庭博物馆如今已经被西江博物馆所替代，结果活的文化成为一种陈列的死的文化。激发不了游客的兴致，反而将游客与当地的民族特色隔离开来。

西江错过了民族旅游的内涵式发展，而朝向为旅游而开发的商业化发展，一些所谓的西江旅游产品实际上跟国内其他地方的相似，其结果只能是旅游的饭被外地人吃了。即使是当地人，也跟着这种思维小打小闹，做千篇一律的数量而非做特色的质量。

接下来读者将看到一系列西江社会变迁，如前所述，那些变迁基于苗民城乡流动和西江民族文化旅游的发展。从本章可以看到，这两个因素对西江、苗民的重要性。城乡流动成为侯誉桥的人生，西江的年轻人由于民族文化旅游改变了自己的人生轨迹，发展、变化、阵痛以及未来都源于这个令人又爱又恨的旅游，好在苗民还可以继续流动。接着我们将要把眼光从大的背景转移到小的手机上来，通过手机这个特殊的视角，去看西江、苗民。那些社会变迁或多或少都与手机相关，要么是手机引出的话题，要么是手机利用的话题，要么是与手机密切联系的话题。这些话题有一个共同的特征，最终都会落脚于社会转型问题，这些问题都具有矛盾性，都处在社会的十字路口，闻风而动。

下文将从七个方面来论述西江苗民的生活方式变迁，需要指出的是由现代传媒——手机所引申出的这些变迁从不同的侧面反映了现代性的问题，这些问题发生的社会背景如上文的勾勒，并融入下文社会变迁之中。

第二章　从手机到房子：经济分化的表征与动因

今天，手机已经成为人们日常生活中必不可少的一件用品。除了作为基本通讯工具，手机加载互联网络以后迸发出惊人的功能空间。每天古今中外的各路信息会准时推送至各种社交媒体上，你打开手机中的 APP 即可。青少年喜欢手机源于它替代传统游戏机的角色，丰富多彩的游戏立刻超越年龄的范畴影响社会其他群体。人们通过手机接收工作信息，收发电子邮件，工作也经由手机不断吞噬着人们的业余生活时间。所以在公共交通工具上你会发现中国人个个都已经成为"低头族"，聊天、游戏、视频不一而足，甚至这种低头族也带来一定的交通隐患。总之，手机的媒体功能使得每一个人都成为潜在的自媒体，照片、视频在每分每秒地生产，并在网上分享、传播，这就是现代移动互联网生活。

时间回到 20 世纪 80 年代，手机还叫"大哥大"，绝大部分中国人会从港台剧中发现这种黑色砖头状物品，同时表现出好奇、羡慕。在那个时代，单位才有座机电话。人们已经熟练地掌握发电报的技巧，也享受着那种便捷，当然只是偶尔使用。所以手机与普通人的生活真的十分遥远，遥远的另外一层意思在于手机对于普通人来说基本无用。除了价格昂贵，手机联络远距离人际通讯的条件并不存在。人们以单位聚居或以村庄聚居，日常事务均可在小范围内实现有效沟通，单位之间、远距离亲属朋友之间均首先使用电报，然后是电话，一般按照事情的轻重缓急程度选择。2003年冯小刚的作品《手机》里有一段对白：严守一的哥哥买了部手机，严守一说，一条街放个屁都能闻着味，烧包！

严守一的哥哥以杀猪为生，又有一个在北京做著名电视节目主持人的弟弟，他认为或者说村里人认为，即使没有什么用，他也应该有一部手机。用他自己的话说：我要是想和你说说话，一拨就行，要是去北京得二百多块！这代表了什么呢？

作为身份的象征，手机一开始并不是功能产品。就像西江苗民当年一样，广东买来的手机虽然在西江根本无法使用，也被放在腰间、手中。大家第一眼看见的正是手机，整个过程基本能够满足回乡苗民的一种正常的虚荣心。所以第一个进入我们视线的就是手机所引出的经济社会学问题。从西江苗民那里，我们得知最先使用手机的是哪些人？这些人都有哪些基本特征？从而进一步分析西江社会阶层方面的变迁。

社会分层是社会学研究的重要领域。这个"层"就是阶层，以区别于以往政治话语体系中的阶级概念。社会分层研究主要包括社会分层结构、社会不平等、社会流动，已有的研究中只有关于社会流动的研究具有历时性，往往研究者关注代际间的流动，另外也有学者研究分层标准[1]、分层结构[2]的变革。有学者研究了我国农村"精英"代际流动的情况[3]，为我们分析西江的问题提供了具有启发意义的理论线索，其中经济回报比较高的三种职业群体[4]正是率先使用手机的社会阶层。

---

[1] 米加宁：《社会转型与社会分层标准——与李强讨论两种社会分层标准》，《社会学研究》1998年第1期。

[2] 李路路：《社会分层结构的变革：从"决定性"到"交易性"》，《社会》2008年第3期。

[3] 吴愈晓：《家庭背景、体制转型与中国农村精英的代际传承（1978—1996）》，《社会学研究》2010年第2期。

[4] 农村中经济收入回报较高的三种职业：工资劳动者、私营企业主或个体职业者，以及农村中的干部。

社会阶层是一个相对静止的概念，要想了解我国农村经济回报比较高的群体的影响因素，就需要看社会分化的过程。经济分化是以收入为指标的一种社会分层，也包括层内的经济等级结构、层间的经济排序。组织资本、经济资本和文化资本这三个因素，正在成为越来越重要的经济分化机制，这三个分化机制的作用力不断增强的结构动因是市场化和工业化的推动力以及原有制度体制的惯性作用。有学者研究了我国阶层经济分化的作用机制，得出三种资本理论①，虽然该观点基于我国城乡整体状况，也对农村有一定的解释力。

分层研究中很少运用经济分化的概念，这里用它来代替社会分层有如下原因：第一，社会分层在学术界已经成为一种静态的描述性概念，它主要以职业为标准将城乡社会划分为几大阶层，实际上人们在层内外的流动性被这样的概念掩盖，造成社会分层之外还要有社会流动的概念来解释人们的流动性。第二，社会分层的理论研究表明分层标准既多元化又难以统一，不同的研究者在不同的分层标准下展开分层研究，大部分学者都将收入作为分层的重要指标之一，收入往往与职业密切相关。第三，社会分层研究中有一种观点认为我国阶层结构的特点之一即没有稳定的阶层②，在转型期，社会分层时刻处于变化之中，所以在研究乡村社会分层时，我们倾向采用经济分化的概念，它适合于历时研究，能够将不同时期乡村的分层与流动研究结合起来。另外，经济分化意味着我们研究分层的指标是收入，包括职业，经济分化主要从家庭收入、家庭成员的职业入手，表现人们在经济方面的差异，这样我们研究分层的单位锁定在家庭，并在一定的时期（1986—2010 年）内展现一个乡村社会经济分化的过程，这也是现代化的过程。

社会分层研究的范式主要包括市场转型理论、新制度主义、非制度因

---

① 李春玲：《当代中国社会阶层的经济分化》，《江苏社会科学》2002 年第 4 期。
② 仇立平：《回到马克思：对中国社会分层研究的反思》，《社会》2006 年第 4 期。

素论等。市场转型理论认为，在由国家社会主义向市场转型的过程中，直接生产者在市场交易中的权力增加，市场刺激生产者并为他们提供社会流动的机会。[①] 但是，市场理论忽视了我国改革开放过程中的集体经济的路径依赖，突出表现在组织资本在分层中的重要性，即权力授予关系的重要性。干部或乡村精英在市场转型中是再生的还是循环的问题在学术界争论不休[②]。另外一种范式试图将市场与权力的解释结合起来分析我国转型期的社会分层问题，即非制度因素论，这种观点认为，诸如权力泛化、寻租、圈子这样的非制度因素[③]已经将市场与权力结合，来决定人们的地位获得及社会分层。

国外学者以数据分析的方式争论到底市场转型与社会分层中市场的作用是否占据主导地位？数据证明确实是这样，同时也不能忽视其他因素。因为是争论，故而见仁见智，西江的情况也为市场转型论做了注脚，可是市场的作用力呈现上升、下降、稳定的趋势，这是外国人不能完全理解的曲线。

> 在 1996 年的时候，尽管干部和企业家家庭的收入形式不同，但是他们的净回报很大，且大略相等。干部家庭的净回报没有随着农村整体经济扩张水平而下降，或者随私营企业或受薪雇佣的扩展而下降。对私营家庭式企业家身份的净回报随受薪雇佣的扩张而急剧衰退。在主要以农业为主的村庄里，家庭式企业的发展先于非农受薪劳动，因而家庭式企业的相对收益仍是巨大的。
>
> 首先，这些发现与 1989 年中国—康奈尔—牛津研究所做的估计

---

① 边燕杰：《市场转型与社会分层：美国社会学者分析中国》，生活·读书·新知三联书店 2002 年版，第 189—190 页。

② 刘欣：《市场转型与社会分层：理论争辩的焦点和有待研究的问题》，《中国社会科学》2003 年第 5 期。

③ 张宛丽：《非制度因素与地位获得——兼论现阶段中国社会分层结构》，《社会学研究》1996 年第 1 期。

相一致。以倪志伟发表的资料为基础所做的计算，产生了对更宽泛定义的企业家净收益的估计，是干部作用大小的两倍。由于在 1989 年的样本里，干部家庭的比例非常大，针对这些估计的比较就不那么确定了，其估计的效果（33%）与我的估计（44%）稍微有些差别。而且，我对企业家回报的估计（53%）只比倪志伟早前的估计（66%）稍微低些。在这两个有代表性的调查结果之间的最重要的区别是，我的企业家定义局限在报告的实质上拥有私营企业的 28% 的家庭，而 1989 年的估计却包括了全部类别。考虑到我的更狭义的定义，在中国的第二个改革十年里，对企业家回报的估计，要比使用一个宽泛定义更大。

其次，第二个发现——在农村发展水平和地方经济的定性特征上，干部家庭的净回报无甚变化——这与之前的调查结果大相径庭，令人多少有点意想不到。倪志伟报告，干部地位和经济扩张的两个测量——当地非国有企业数量和当地收入的平均水平——之间有强烈的反向交互作用。针对这些发现中的差异，一个可能的解释是样本不同——中国—康奈尔—牛津的调查过度代表了更为繁荣的农村地区。而且，尽管事实上我们的样本设计在每一个层次上都使用了概率抽样，初级抽样单位也是以教育变量结合经济增长来分层抽取的，我的调查结果却可能与被抽中的地区特性有关，尤其是那些在这些特征上呈现极端的地区。因此，我无法宣称这些调查结果一定就会驳倒一个似有道理的预测，即经济扩张与地方经济的结构变迁最后可能减少对干部家庭的相对回报。然而，我却不能够重复早前的横截面上的发现，即干部收入优势或随市场化或随经济扩张而下降。

最后，第三个发现——当工薪雇佣上升的时候，企业家的净回报急剧下降，此发现是最值得关注的，因为之前的研究都没有考虑到这种可能性。这一新发现驱使我们去重新考虑那个未曾言明的假定，即私营家庭式企业经营是一个名副其实的以市场为取向的农村经济活动。在这种市场活动中，他们始终注定会享有不断增加的回报，并且未来的市场活动也会成为他们主要的收入来源。私营家庭式企业的回报随受薪雇佣的流行而急剧下降这一横截面上的发现，却表明一个极为不同的观点：在市场化改革的早期阶段，私营家庭活动享有很高的回报，但是当以工薪为基础的经济稳固建立以后，私人企业经营就只会沦为日常谋生的另一种手段。①

在西江苗寨，从改革开放初期个体户的产生到打工潮引发的中间阶层的兴起再到旅游业中新富层与返贫群体的出现，在这短短的三十年左右的时间里西江的经济分化过程造就了一种体现现代化的趋于稳定的社会分层结构。而在经济分化的表征方面，个体户与乡村领导干部是改革开放早期最先分化出来的富裕层，他们的手机使用体现了这种析分；如今在庞大的打工家庭所组成的中间阶层趋于稳定的情况下，伴随着房子"新富"与"新贫"出现了，房子体现了"新富"的身份而使"新贫"得以产生。

市场、权力被"利益群体"裹挟，这些人以市场为基础交易社会关系网络，而这些网络体现权力或组织资本的重要性。乡村现代化的过程即经济分化的过程，在此过程中人们将市场、权力与传统夹杂在一起最终形成一种利益群体。

一、市场转型：手机、个体户与干部

市场转型理论认为，我国改革开放在制度层面使得社会资源的分配方式由国家社会主义向市场经济交易转向，人们的社会位置也相应地由政治

---

① 边燕杰等：《社会分层与流动：国外学者对中国研究的新进展》，中国人民大学出版社2008年版，第166—167页。

分化转向经济分化，在我国乡村进行的经济制度改革比城市更加彻底，这些政策影响着资源的分配，使无论干部群众都能够获得市场提供的机会，从而在经济上得以改善，在社会流动方面开辟出一条新的上升渠道。

在乡村无论干部群众都能够进入自雇业，成为个体户或私营企业主，这也是乡村社会经济分化的开始。在改革开放后一直到打工潮兴起，这一时期的西江苗寨在经济上分化出两个群体，个体户和领导干部，前者如上所述借由市场获得权力而在经济上首先得到改善，后者主要是指乡镇干部，他们作为管理者未受到市场转型的影响而仍然保持经济上的优势。这一时期能够代表两个群体经济身份的就是手机，在西江第一批拥有手机证明了他们率先富裕起来。

改革开放至西江打工潮兴起的这一时期，从整体上看西江的社会分层不明显，分田到户以后家庭的经济条件普遍得到改善，人们的温饱解决了，而贫困户和富裕的个体户（老板）一样稀少，因为大部分人都差不多，所以人们没有感觉到经济分化，这些个体户正是西江经济分化的开端。那个时候在西江可做的生意并不多，主要包括日常百货买卖、往州府贩运蔬菜、往外省贩鱼、盛装银饰买卖、传统手工业（银匠、木匠、编织等）、服务业（鞋匠、刻章、工艺品等）等。此时西江的赶场不属于以上我们所谓的个体户经营，它更像是传统的集市，周边村寨的人们之间进行交易的场所，当然赶场里面也包括个体户，他们也利用赶场天做生意。这一时期国有的商业经营逐渐开始退出西江的市场，例如食品站、供销社等，私人开始经营相关的商业领域，主要是百货、生产资料等。

做生意的要么是代际传承，要么是一点点积累而来的。

现在，西江有钱点的是做生意早点的人，但为数不多。西江以农为主，做生意也少，是父代那时就开始做生意的，或者是现在五六十岁的，很早就开始做的，从小一点到大的。一开始都是摆摊的，后来看准个门面，有买街上单位门面的，就发展好了嘛，扩大了。做生意的，在机关工作的，务农，那时最早是西江这里的三个活路。①

李可从 20 世纪 80 年代中期开始在西江做生意，并在 1986 年开始担任村干部。

> 高中毕业后回家来，我是老大，老二小一点没当家，我就扶持一个家庭。分家以后我就做点小本生意。1985 年，我就开始做收鱼的生意，收了给那些老板，再发到外地那里。我一开始没钱，就把自己家的田鱼（水田中养的鱼）卖了，得三十块钱，再去收那七星鱼（当地叫法，音译）卖给外面的老板。直到 1989 年，我到广东打工，我大女儿两岁。我打工八个月回来了。我当时在那打杂工，种果树、当保安，觉得受气、受委屈就回来了。我回来就做生意了，做农民用的东西、工具、生活用品，一直做二十多年了。现在他们叫我打工一个月两千多，我都不去的。我做这个自由。1986 年开始我当了六年的村干，村主任，南贵这边。1992 年我做会计，一直到现在。②

李家如今开了农家乐，他在 2008 年花了二三十万元重新修整了自家的房子，这也证明李家的经济实力。像李可这些西江的早期生意人或个体户，他们一直生活在西江并通过财富积累投资旅游业，保持了这些家庭的经济地位。

手机走进西江，始于个体户和领导干部，在上世纪末本世纪初，在西江能够用上手机的只有这两部分人。

> 最近四年手机才多起来。开始本地的普遍用 CALL 机，家庭电话比手机早。之前能用上手机的都是很富有的人，做生意的人，村干部

---

① 调查笔记 64：2011 年 2 月 9 日，西江羊排。侯长路，男，42 岁，教师兼经营农家乐。
② 调查笔记 21：2011 年 1 月 21 日，西江南贵。李可，男，48 岁，村干兼经营农家乐。

的才有。摆摊的，租门面的人有。①

1997—1999年时有钱的，是老板的，那个时候才有手机，或者是在单位里上班的，一般平民老百姓都没有。②

1997年之前是比较富裕的家庭才有（电视），基本是做生意、百货商店那些，开门面比较早，这几家比较老实，也没做什么出格的事情，现在还是富的。那时有工作的人家也不富的，工资加得比较晚。西江也没什么生意做的。一开始看到西江有人用手机的是领导用的，那手机是贵的，1997年左右时。2000年以后用的多了。③

作为一种经济身份的象征，手机将西江社会区分成两部分。一是有钱人，包括个体户和领导干部；另外就是温饱解决以后的大多数人，他们中的有些人已经开始走出西江苗寨，开始掀起一场打工潮，打工家庭造就了西江苗寨的中间阶层的兴起，所谓中间阶层即打工潮之前已经解决温饱的大部分西江家庭通过打工的工资收入改善经济条件，但是由于节省下来的工资积蓄有限，这些家庭并不可能成为有钱人，同时他们也不会滑入贫困之中，这样的家庭数量庞大，构成西江苗寨开发前这一阶段的稳定的一种分层。

二、打工经济下的乡村：中间阶层的兴起

20世纪90年代中期西江苗寨开始出现打工潮，至2000年以后基本家家户户都有外出打工者，留在西江的只有老人和孩子（主要是打工家庭）。打工给这些解决温饱的家庭带来机会以改善经济条件。正如大多数

---

① 调查笔记5：2011年1月16日，西江羊排。李立，男，36岁，从事印章篆刻。
② 调查笔记5、12：2011年1月16、18日，西江羊排。李单，男，37岁，打工返乡后务农。
③ 调查笔记55：2011年1月30日，西江东引。宋文，男，40岁，文化站工作人员。

人所说的那样，起初分田到户的经济效益很快被增加的人口所抵消，人地矛盾开始凸显，所以外出打工的目标一开始是重新解决温饱问题。

> 西江过去是有工作的人、有单位的人家就富一些，每月有工资。老百姓养一头猪，到年就杀吃，有时油盐都没有。回来（即后来）开始打工多了，穷的少了。像家里劳动力少的，赌博的，吃喝多的，又没打工的（差）。以前穷的大部分，现在穷的少部分。富的是打工多的或有手艺的，生活就提高了。[①]

随着在城市的稳定，这些打工家庭能够每月收到汇款或是定期汇款，例如一个家庭四口人，一个老人，一对夫妻，一个孩子，夫妻在外打工，他们的汇款主要用于家里的农业生产（农忙时期的雇佣费用）、日常生活开支（主要是孩子的日常开支）、紧急事务（疾病等）、红白喜事的礼金等。剩余的钱（包括打工夫妇所积蓄的）加上所节省的口粮则成为这个家庭主要的经济积累。因为老人的赡养和孩子的婚嫁都需要积攒资金，所以在西江苗寨打工家庭往往不会首先想到建房子，因为他们没有富余的资金，除非没有房子住的刚分出家的家庭，他们利用积攒的资金分期建房，往往一栋房子要三到五年才全部完工，终究要看他们的经济状况。因为对于这样的新家庭而言，住的问题是首要的，其次才是孩子的婚嫁问题。无论是哪一种情况的打工家庭，如上所述，这些家庭中的大部分不可能有经济上的大起大落，他们不会成为有钱人也不会落入贫困的行列，这样的家庭在打工潮下的西江占大多数，他们构成了一个趋于稳定的中间阶层。相对地，这一时期的富裕户主要是个体户，除了前文所列举的一些行业，此时如建筑业（主要是砖房）、运输业（包括客货运输）等都开始出现私人老板，他们保持了这一群体的经济位置。

---

① 调查笔记31：2011年1月24日，西江羊排。蒋医生，男，48岁，草医。

以前对我们这里来说，最富的一家是观景台下面那家。他家是这里最早开车的，有个中巴车，还起了几栋房子，这起个房子最少二十万，现在工钱最贵了。他是第一家跑车了，后来去外面跑，外面也有房子。一般搞银匠的也算有钱了，我隔壁的老头是搞银匠的。还有搞木材的，然后还有"有单位的"比较有钱。其他都是务农，靠子女出去打工啊。①

而因为一些原因不能外出打工的家庭（例如需要赡养老人的家庭）此时的经济状况就处于劣势，他们只能在西江做一些临时工来补贴家用，如做泥瓦匠、农忙季节做雇工等，因为此时西江的工价平均只有15—30元/天，这些家庭的经济状况相对较差。

开始有人出去打工时，西江有个别人家条件好点的，现在也好，我们以前不好的，现在还不好。（20世纪）80年代到90年代时有好点的，后来人口增加，负担重了，也不好了。我们现在好得多了，寨子大概10%比较困难。有老了，小娃又比较小，不能出去打工。又有老了，媳妇又不当聪明（残障），小娃又小，当家晚了，现在也不能出去打工了。条件好的家，是娃娃出去打工好多年了，家里口粮也省下来一点，又可以赚点钱回来，生活就好点。你看我家十三口人吃四个人的田，就困难了。②

在外打工对于一个家庭来说能够看得出效果的就是房子。

说实话，在外面的生活肯定愉快得多，但是在外面打工多长时间都是要回到家乡的，回来建房子啊，一个比一个，看谁挣得钱多一点。大部分人都是为了提高家里生活的。在家肯定也是舒畅多了，但是一人管一亩地，一亩地收五六百斤米，你要管一年的时间，一斤米

---

① 调查笔记33：2011年1月24日，西江平寨。陆医生，女，22岁，镇卫生院医生。
② 调查笔记54：2011年1月30日，西江东引。宋州开，男，64岁，务农。

两三块钱，五六百斤米一千多块钱，我出去打工一个月两三千块钱，谁不出去打工啊。如果我有手艺，我回来又种那田又搞我那个手艺的事情，那就多赚点了。①

杨开县打工在外做过很多种工作，建筑、搬运、种植。他在外面的生活也从辛苦到愉快。他强调了打工的意义是为了把家搞好。在西江也开始进行一场竞争，这里既涉及面子又涉及经济条件。他认为家里生活舒畅，但是不像外面打工每月有进项。但他认为自己的归宿终究还是家乡。他目前的返乡生活正是这种"多赚"的生活。因为他不仅带回家钱了而且带回了技术甚至新的观念。这里杨反复比较了在外与在家的生活，当工作稳定了在外愉快的根源是月月有收入。而家里的"压力"时刻表现出来。一是归宿，一是竞争。结果就是打工的意义被建构出来了。而他的理想状态正是这种比较下产生的，既回家又能月月赚钱。事实上如今他已经实现了他的理想。但是这需要主客两方面的条件都具备。

西江苗寨的中间阶层蓄积了乡村发展的动力，这种现代化的动力主要表现在打工者所拥有的新技术与新观念上，接下来的旅游开发给这些中间阶层带来了机遇与挑战，在这些家庭中，有些向上流动成为新富阶层，有些向下流动成为新的贫困家庭。

三、社会流动下的新贫富：
房子、投资与贷款

（一）新富：包租婆与农家乐老板

西江苗寨的旅游业催生了一个新富阶层，他们拥有铺面房产可以出租

---

① 调查笔记57：2011年2月1日，西江羊排。杨开县，男，42岁，打工返乡后从事建筑装潢。

收益，他们投资房产做农家乐或者转包给外地的老板获取收益，另外这些新富阶层都拥有一定的组织资本，这是市场与权力的结合，旅游市场给他们一种进入私人企业经营的机会，而权力保障了这些生意的经营，用西江人自己的话说就是不仅要有资金还要有关系，这样才能把生意做大成为大老板。实际上，对于在西江街上拥有房产的家庭来说，他们的过去出身贫困。

> 以前西江房子不是盖瓦的，是盖树皮的，只有那些有钱的人家才有瓦盖。那时西江是 8 个小村，因为不好领导，户数也少。街也不像街，是那个泥路，大家从来都不愿意去路上住。是政府来起房子，发给很穷的人家住，一户两间。贫农才能发到房子，富农要批斗，贫农受到照顾。①

如今这些贫农出身的人开始大富大贵了，他们仅靠收房租一项就能够保持较高的家庭经济水平，随着西江旅游业的发展，沿街的铺面房租比州府的还贵，平均每月都在 5000 元以上，比较偏的铺面也要 2000 元以上，这无论是国内哪一个镇都不能比的。拥有铺面房的家庭之前也多少在做一些生意，例如前文所述的一些行业，他们凭借积累的资金在旅游开发后投资房产，做农家乐，同时就将铺面租出去。

> 从外面回来结婚后，搞工艺品。我老公他家前面一个门面，专门搞蜡染、刺绣。1999 年那时外国人很多，还有非洲人，卖给他们。现在开发了他们就不来了。去侗族那边了。做生意就会有点钱买点肉吃了，生活也好点。也有些人做百货生意。今年不做刺绣、蜡染生意了。2007 年、2008 年旅发大会后搞农家乐了。搞了新房子，一两年做成了搞农家乐，我门面的生意搞不过来了，就不搞了，租给一个广

---

① 调查笔记 5：2011 年 1 月 16 日，西江羊排。李立，男，36 岁，从事印章篆刻。

西的老板了，他们是大学生。①

李姐就是典型的包租婆加农家乐老板，她的丈夫是政府工作人员，有一个女儿今年12岁，除了黄金周旅游旺季，李姐的日常生活就是串门和相夫教子。她早年外出打工，通过婚姻她的家庭拥有了一个铺面，在开发前的阶段李姐主要做外国人的刺绣生意，这样积累的资金用于开发后农家乐的投资，李姐一家进入了新富阶层。李姐的家庭代表富裕阶层的进一步向上流动的情况，而以下李大哥的例子表明中间阶层也能够通过把握一定的机遇向上流动成为新富阶层。

李大哥今年41岁，他打工经历丰富，也思考很多，他说自己不习惯进厂工作，一来觉得如果做一些技术活，如搞建筑到哪里都有活做，有一天回到家乡了也可以有活路有收入供养家庭，况且家乡是没有厂的。二来认为自己没有学历，进厂也没有什么发展。他认为最可惜的就是当年太晚到北大荒，未能赶上那里的分田分地，觉得那里是适合自己的理想地方，但是去得太晚，错过了最佳发展时期。最终他回到西江，结婚以后成为季节性外出打工者。在西江开始有旅游商机的时候，李大哥抓住了机遇。他家最早开始办农家乐，今天得益于良好的地理位置，他的农家乐生意红火并且他的侄子家也开始办起来农家乐，李大哥很有感触地比较了他的变化，对于如今进入富裕阶层的他来讲，打工已经不再具有意义，过往的贫困经验也不时地出现。

> 结婚的五年我有一点感想。我的事业不算什么比较宏伟的事业，与我那一批朋友比。我结婚时也没什么钱，家里面还是贫穷的日子。我那些同批朋友，他们有父母，以前没有结婚的时候，谈女朋友的时候，有父母的人家庭条件也比较好，上情场上肯定小看我嘛。我当时

----

① 调查笔记11、11-1：2011年1月17日，西江羊排。李书记，男，46岁，早期打工者，今为政府工作人员；李妻，31岁，早期打工者，今开办农家乐。

的对象也正好嫁到寨子里面，也是同村兄弟，同族兄弟。那时候也是玩朋友嘛，他们说跟你条件不好，怎么生活一辈子。肯定是不愿意嘛。我们这些同辈一批结婚，等于那些同族兄弟的媳妇一起相亲，那些女朋友说，跟你过一辈子怎么办。后来他们（经济状况）还是那样。现在觉得西江改变太大了，自己变化太大了。走到哪里打工不是赚钱，那是叫辛苦钱，是血汗钱。①

（二）返贫：征地拆迁和还贷

西江的旅游开发伴随着发展的阵痛，这在城市发展中屡见不鲜。这种阵痛主要表现在征地拆迁上，征地拆迁包括地方政府对农民土地的征收和对农民房屋的拆迁，两种情况实际上都是政府与农民的博弈过程。西江苗寨需要征地拆迁的范围不大，主要集中在南贵和今天表演场所在的平寨两个片区，另外其他片区还有一些砖房需要拆除，苗寨外面修路占地也需要向农民征收。征地拆迁的积极一面在于它能够使得一些家庭获得较高的经济补偿，他们可以利用这些补偿做投资；但是征地拆迁的负面影响是一些家庭对政府给予的条件不满意，他们成为新的返贫的群体。

例如侯大哥②一家四口挤在两间房里，外面一间是厨房兼客厅，里面是卧室，这里位于二层楼的两间房是政府安置的，他自己也新建了房子，位于市场后面（属于羊排），但是政府不给他房产证明，并且断水断电，这成为侯家的一块心病。侯大哥夫妇原本在广东打工，他们的大儿子在西江，小儿子和他们在一起，与打工的生活相比，侯家仅仅靠照相生意不能保证原来的生活水平，他们想着房子的事情一旦得以解决就出去打工。

返贫的情况不止于征地拆迁，如今的西江苗寨已经开始超前消费了，

---

① 调查笔记6：2011年1月16日，西江南贵。李乡，男，41岁，打工返乡后经营农家乐。
② 调查笔记13：2011年1月18日，西江平寨。侯振，男，38岁，打工返乡后从事旅游业（照相）。

正如西江人打趣地说，西江苗寨起房子像垛鸟笼一样迅速，改造后的苗家吊脚楼秉承传统工艺，房屋的框架先立起来就像一个一个的鸟笼，但是这些景象只是表面繁荣，这些房子作为投资，它的资金来源只有一个，那就是银行贷款。原因很简单，西江苗寨的地基日益紧张，拥有地基的家庭虽然没有资金但是等不到有钱的那一天了，他们担心地基被收回所以贷款建房先把自家的地基占住，以防万一。今天在西江建一栋房子（一般是改造后的苗家木质吊脚楼，三层左右）至少需要二十五万元至三十万元左右，对于中间阶层的家庭而言这是一个天文数字，银行贷款锁定了这些家庭的命运，他们从中间阶层滑入贫困家庭的行列。

银行贷款造成的新贫困改变了西江苗民的打工逻辑：

> 旅游最起码方方面面更方便了，路面好了，买东西方便了，但是穷的还是多，因为都是贷款的，每个月还钱多的，还要出去打工找钱。[①]

西江人现在被旅游捆绑了，过去的西江发展缓慢，打工的目标不在于要过什么样的生活，而只是找钱补贴家用，比如吃穿、教育、医疗，房子建得都少。而如今西江已经迈入跨越式发展的轨道，打工已经不是逻辑的起点了。打工往往只是要还贷款，而贷款往往是为了修房子、办酒席、搞生意等，这些实际上是温饱以后的更高追求。但是，这种追求来得快了点。比如，西江过去建房子往往是因为房子不够住了，才不得已一年一点的盖。自从旅发大会以后，房子已经不再是住的单一功能了，为了投资，为了面子竞争，为了能够早点把地基利用上，为了拆迁补偿等等，没有钱贷款也要建房子。逻辑上，打工已经不是出发点了，打工只是为了还贷，当地人如今也过着提前花钱的生活，当然还有一部分人害怕这样，往往这种家庭也是参与旅游经济度最低的那些人。

---

① 调查笔记10：2011年1月17日，西江平寨。刘姐，35岁，嫁入西江从事餐饮业。

四、权力与市场转型的争论

通过对西江苗寨改革开放初期至今的经济分化过程的描述，我们分析了西江苗寨富裕阶层的出现、中间阶层的兴起以及如今新富阶层和新的贫困阶层的社会流动，在这样的历时线索中，从手机到房子（新式的苗家木质吊脚楼），我们看到了西江苗寨经济分化的标志和动力的变革，也体现了西江现代化的过程。

我们采用家庭作为社会分层的单位[1]，运用经济分化的概念表达一种社会分层与流动的变迁过程，西江苗寨的个体户这一自雇者群体[2]首先成为西江经济分化的源头，形成极少数富裕—大多数贫困（或由温饱落入贫困）的社会分层结构。

随着西江打工潮的开始，劳动力市场为这些乡村剩余劳动力提供了流动的机会，他们通过打工改善日益贫困的生活，从 20 世纪 90 年代中至今，打工潮造就了西江苗寨的一个中间阶层，形成富裕—中间阶层—贫困户这样一种新的分层结构，这种中间阶层的家庭在西江占大部分。如果不考虑发展民族文化旅游这个因素，可以说在理论上这种社会阶层结构是基本稳定的；苗民不会像现在这样明显感觉到"贫富差距"问题。可是，这不是积极进取的状态。

西江苗寨的旅游业使得一部分家庭从中间阶层返回到贫困户，也使得一些中间阶层和富裕阶层进一步向上流动成为新富阶层，而此时的经济分化表征已经由手机变为房子，同时房子也成为一个家庭在经济分化过程

---

① 参见范会芳：《转型期农村社会分层研究的新视角——以家庭为分层单位》，华中师范大学社会学院硕士学位论文，2002 年。

② 吴晓刚：《"下海"：中国城乡劳动力市场转型中的自雇活动与社会分层（1978—1996)》，《社会学研究》2006 年第 6 期。

中流动的原因。或许有人要说，在农村居民城乡流动占据主流的社会里，房子也是一种十分明确的阶层表征。但是，西江发展民族文化旅游就把自住型的房子转变为一种新的投资行为产物，农家乐、客栈、商铺、酒店、餐馆……这些都是房子。而且这些房产表征的阶层也不是数量众多的中间阶层了。

在我国转型期的背景下，社会资源的分配从国家再分配制度向市场交易的转变引发了社会分层研究的争论①，这些争论集中表现在"公共部门授予的权力"在这场转型中所发挥的角色问题。为了区分再分配权力，这种公共部门授予的权力在国家社会主义时期主要是再分配权力，而改革开放以来面对着市场转型，公共部门授予的权力转化为一种"社会资本"，它能够产生经济效益。如今随着市场经济制度的逐步完善，公权力拥有了一种新的权力资源，例如它可以以"圈子"或"利益群体"的形式出现在市场交易中。实际上"利益群体"是对社会阶层所做的另一种角度的划分。相对地，今天所有人都认为自己是"弱势群体"，相反，有一个词"既得利益群体"是人们普遍逃离的身份标签。这在一定程度上反映出我国当前社会阶层的"二元思维"，大家都有一种被迫感，都把社会一分为二，都认为自己不得利。

　　社会利益群体论的主要观点如下：（1）20余年来我国社会分层结构变化的主要特征是从以"社会身份指标"来区分社会地位向以"非身份指标"来区分社会地位的方向转变；社会不平等是一种深藏在社会结构内部的社会群体之间的关系；与社会资源的垄断和集中化相联系，社会可以分为"社会中心群体"和"社会边缘群体"。（2）财产制度、所有权制度也是一种"排斥他人"的手段，它规定了财

---

① 刘欣：《市场转型与社会分层：理论争辩的焦点和有待研究的问题》，《中国社会科学》2003年第5期。

产所有者对于财产占有，而排斥他人对此染指，社会分层制度的核心，是在为人与人之间，以及人与资源之间的关系建立起联系；政治分层差距的弥合，对于经济分层差距的拉大起到了一种补偿或平衡的作用。（3）中国总体性社会在很短的时间内发生解体，整个社会被切割为无数的片断甚至是原子，也可称为社会碎片化……社会碎片化是高度集权的总体性社会走向自主性社会的过渡，它避免了总体性社会的两个重大缺陷，即总体联动性和窒息活力。（4）碎片化了的社会组织避免了总体性危机的出现，由于国民行为失去了总体联动性，从而降低了出现大规模的政治动荡的可能。（5）两极社会的直接后果是社会冲突和对抗的发生，特别是底层社会对于上层社会的敌视和反抗。（6）除相对独立的经济力量之外，还应注意到的是知识分子自主性增强和具有社区取向的地方官员群体的独立性的增长；中国社会利益群体可以分为特殊受益阶层、普通受益阶层、相对利益受损阶层和绝对利益受损阶层。[1]

前文的讨论主要牵涉公权力在市场转型下的最新状态，这种权力可以谋得经济收益，也可以通过征地拆迁、银行贷款等具体行为压制另外一方（利益群体外的一方）的经济利益，这在本质上是权力与市场的结合，它回答了在市场转型的过程中"公共部门授予的权力"仍然在社会分层中发挥着作用，它不直接产生经济效益（如再分配权力时期），它也不能直接用于置换经济收益（如权力泛化、寻租），它能够通过市场交易的法则来使得它所归属的利益群体获得一定的经济成果，相反它通过权力运行的规则使得利益群体之外的另一方失去经济优势，成为社会分层等级结构的底层。

---

① 仇立平：《回到马克思：对中国社会分层研究的反思》，《社会》2006年第4期。

第三章 从模仿到生产：西江苗寨的流行文化变迁

2011 年被媒体称为"手机年"，这一年有一款手机一夜之间红遍中国的大街小巷，今天就连中老年朋友都知道这款手机。除了价格贵，品牌国际化，产品高端化，技术不断创新，销售专门化，这款手机还有一个最重要的特点，那就是使用、购买、想去购买或者等着购买的人群年轻化。所以，大家都在谈论这款手机，一部分群体使用它，并感觉非同一般。本质上说，这款手机符合"时尚"的产生要件。于是，自 2011 年以来，每当该手机公司宣布新生代产品面市，大中小城市的粉丝就会通宵排队购买，在媒体所谓饥饿疗法的营销策略下，新生代手机在面市几个月之内根本没有存货，于是粉丝就会高价购买，甚至去海淘。除了时尚，随着时间的推移和使用人群范围的扩大，拥有一部这一品牌的手机已经成为一种流行文化。读到这里，我不说，你们也知道是什么品牌！

我们把时间倒回 20 世纪末，手机对于中国城市居民而言已经开始实现职业化，各行各业的人终于享受到手机带来的工作效率，也包括那些远道而来的农民工。从手机的角度看，在城乡流动的农村居民最先接触手机，他们返回家乡，带来城市的一些新鲜玩意儿，其中就包括手机。后来，中国本土手机市场进一步开拓，这些打工者中的部分人就以手机为业了，二手手机市场、一般品牌手机市场、山寨手机市场，都有他们的身影。手机生产、销售、维修等整个产业链条都会有他们的身影。更加有意思的是，前述著名品牌手机的生产车间也有他们的身影。当然，我们会更加关注农村的事情。手机作为一种新鲜事物是打工者从城市中带来的，更是他们推动了手机在农村的快速普及。这就引发我们开始思考乡村流行文化的一些问题，这些问题一般较少地得到讨论。

学术界对流行文化（popular culture）至今没有一种统一的界定。在传统与现代的二元框架内，流行文化在工业社会语境中往往被大众文化（mass culture）所取代，进而大众文化被定义为一种文化工业的产物并受到理论家的批判。这种对大众文化的批判源于精英文化与大众文化的对立视角，近年来，由于大众文化逐渐由文化艺术领域转向日常生活领域，研究者也开始突破对立思维，对大众文化展开生活世界的研究。

由于语言翻译的差异，文化工业与文化产业的概念也出现模糊处理的问题。在面对国外理论家对大众文化的批判时，我们应该把握国外的社会背景，旨在谨慎地使用这些批判话语来应对中国的事情。正如后文将要讨论的，今天中国倡导文化产业的大发展，目的在于带动文化领域的繁荣和促进经济的发展，流行文化具有的一系列特殊性，能够给社会带来积极的效益。

同时，流行文化与大众文化在这些研究文本中的界线越来越模糊，流行文化、大众文化、消费文化……不加区分的散见于各种研究之中。但是，流行文化与大众文化的区分在一定的研究视域内还是有必要的[1]，因为如果我们将时间与空间的因素加入到研究中，流行文化就具备了一种变迁的能力，它不仅可以囊括工业社会、现代社会或后现代社会的大众文化，而且还可以将前现代社会、进入现代社会临界点的流行文化、时尚文化包括进来，更重要的是我国的社会转型背景需要这种富有变量性质的概

---

① Rosenberg, B. & White, D. W. (eds.), *Mass Culture: The popular arts in America*, New York: Macmillan, 1957, pp. 59 −73.

念，因为我国的现实是各种形态的社会文化杂糅在一起，流行文化整合了各种时空中的文化形式，与研究语境相吻合。

流行（popular）意味着"属于民众"①，流行文化是为普通民众所拥有、享用、钟爱的文化②，如果列举流行文化而非进行准确的定义，那么它们包括时装、时尚、消费文化、休闲文化、奢侈文化、物质文化、流行生活方式、流行品味、都市文化、次文化、大众文化以及群众文化……这个总概念所表示的，是按一定节奏，以一定周期，在一定地区或全球范围内，在不同层次、阶层和阶级的人口中广泛传播起来的文化③。

流行文化的研究主要包括流行文化的生成动力、特征④、传播机制⑤、美学研究⑥、理论研究⑦等。已有的研究表明社会发展的世俗化、人们心态的开放、城市化及消费、休闲文化的兴起、商业化运作及人们审美的多元化等因素使得流行文化得以生产、消费、传播。⑧

在流行文化的这种宏观背景下，西江苗寨语境中的流行文化首先得益于苗民在城市里的生活体验，通过打工苗民有机会学习城市里的流行文化元素，例如歌厅、舞厅、时装、发型、饮食、电影、VCD、手机等，他们通过学习进而在乡村进行模仿，使西江苗寨的流行文化得以生成。随着旅

① ［英］雷蒙·威廉斯：《关键词：文化与社会的词汇》，刘建基译，三联书店 2005 年版，第 355 页。

② ［美］约翰·费斯克等：《关键概念：传播与文化研究辞典（第二版）》，李彬译，新华出版社 2004 年版，第 212 页。

③ 高宣扬：《流行文化社会学》，中国人民大学出版社 2006 年版，第 63 页。

④ 荣荣：《流行文化的特征及其生成机制研究》，《天津师范大学学报（社会科学版）》2009 年第 3 期。

⑤ 韦铀：《流行文化形成和传播机理解析》，《广西大学学报（哲学社会科学版）》2008 年第 4 期。

⑥ 李兴武：《流行文化中的美学问题》，《社会科学辑刊》2002 年第 6 期。

⑦ 夏建中：《当代流行文化研究：概念、历史与理论》，《中国社会科学》2000 年第 5 期。

⑧ 孙瑞祥：《当代中国流行文化生成的动力机制——一种分析框架与研究视角》，《天津师范大学学报（社会科学版）》2009 年第 3 期。

游业的发展，西江苗寨开始生产一种新的流行文化——民族流行文化，这是一种标签原生态的文化，包括民族歌舞、饮食、仪式等，他们生产的民族流行文化成为吸引游客消费的主要商品。从社会变迁的视角看手机与西江苗寨的流行文化，我们认为手机从一种流行文化元素转变为一种生产民族流行文化的工具，而苗民从模仿城市的流行文化转到生产民族流行文化。

一、城市生活与乡村记忆

苗民的城市生活源于西江苗寨的打工潮，讨论城市生活需要一个前提条件，即苗民作为打工者角色的转换和他们在城市稳定的生活状态。只有在城市里工作稳定才能谈得上一定程度的城市生活，这里的城市生活主要指工作以外的休闲生活。否则，进入城市的农民工在工作不稳定的情况下没有什么城市生活可言，他们需要的是不断地找工作、换地方，而城市生活更要求稳定的工作、时间安排、朋友圈子及社会网络。另外，城市生活针对的是西江苗寨的早期打工者，在加入时间序列的前提下，这些早期的打工者（往往是年轻人）在西江苗寨流行文化的产生中扮演重要角色。相对地，我们主要关注当年外出务工的苗民对城市生活的回忆和对乡村生活的比较，这是他们学习流行文化的过程。

侯誉桥目前在西江苗寨开了一家小餐馆，从 2010 年 10 月开始营业至今，除了国庆、春节黄金周，平时的生意平淡，主要给西江的孩子们供应早餐，另外还有打牌散场的主顾、平时周末来西江旅游的散客。用他的话说，大部分西江人不会舍得花钱下馆子的，少部分人即使下馆子也去好的地方摆。实际上，下馆子本身也成为西江的一种流行文化，当然它针对的是西江的年轻人，即使他们中的大部分人常年在外打工，而过年过节返乡时，他们成为馆子的常客。这也是如今年轻人学习城市流行文化的结果。侯誉桥在1989年左右外出打工，他的打工经历具有代表性，即从打工到工作的稳定过程。

他一直在广州，一开始打工什么都干，修路、挖地基、拉潲水、在饭馆打零工、进砖厂、在建筑工地做饭等，期间还有没事干的情况，我们可想而知在这样的状态下，侯誉桥不可能去体验城市里的生活，他更多的是在流动着、漂着。后来，他在餐馆里打工同时获得学习厨艺的机会，从1991年到1998年他先后在至少4个餐馆里打工，主要做厨师。这一时期用他自己的话来讲除了睡觉以外，每天从早到晚都在操作间里配菜、炒菜。1998年以后由于城市拆迁，餐馆没有了，他凭借师徒关系被介绍进入一家餐饮公司。公司主要承包工厂的食堂，他先后到口香糖厂、电梯厂的食堂工作过，这时的工作每天8小时，换句话说，他在城市稳定下来了。

> 我去的那家餐饮公司是专门在工厂里搞食堂餐饮的，一直在那做到2008年，先是在口香糖厂做，后来又到电梯厂那里，在食堂一天工作8个小时，业余时间多了，就开始学打麻将了，还有六合彩、福彩啊，跟上司、朋友打打麻将玩，经常也出去逛，喝茶、玩。①

进入城市的农民工在工作稳定后开始体验不同的城市流行文化，外面的世界很精彩，城市的饮食、商品、娱乐吸引着这些当年的年轻人，同时城市的"混乱"也使他们有所顾忌。

> 平时闲了也就逛逛街、吃饭、喝酒，聊天就是一些做活路的事，在本地打工的事，什么都聊。那边也有很多贵州人在那边做，不在一个地点做。平常也见的，跟他们交流多了，也不太陌生了，跟兄弟一

---

① 调查笔记15：2011年1月19日，西江平寨。侯誉桥，男，39岁，打工返乡后从事餐饮业。

样，一起去逛街。去市里面溜冰、打台球、跳舞。①

工作外也没什么活动，卡拉 OK 啊，电子游戏啊，逛街，一起出去玩啊，跟工友一起。那时在外面的开支，吃是包吃，就买一些零食、衣服和出去娱乐。②

后来在外面工作时间没那么多了，九十个小时。晚上跟工厂、老乡去酒店、饭店吃小吃，喝酒聊天，说说哪里工资好啊，老板好啊，往好点的厂里去，有时也去歌舞厅。那时生活各方面也习惯了。③

我们那时在城市里打工，我是为了赚一点钱回家。在那边知道了跳舞，也就去逛逛（街），吃点好吃的，那里也有抽白粉的，看到都躲得远一点。看到这些还好，有公安管，这些我都反对的。抓到都判牢的，那里还有打架啊什么的。到那也没看到什么好的。④

如今苗民对西江娱乐生活的记忆主要体现以下特点：流行文化继替主要表现在人们对以往娱乐活动不再感兴趣；与现在的比较，例如钱的重要性；过去的生活是美好的，例如痛快、热闹、齐心。

以前没开发的时候到过年，过七月份的节，村子里有跳舞比赛。现在什么都要钱。过去过年准备节目，好多节目，四个村比赛有奖金，苗年才这样做的，唱歌跳舞。7 月份搞斗牛、打球。现在都打麻将，对其他的没有兴趣。打麻将要有钱，有那些不读书的年轻小孩，打（麻将）好玩嘛。⑤

---

① 调查笔记 5、12：2011 年 1 月 16、18 日，西江羊排。李单，男，37 岁，打工返乡后务农。）

② 调查笔记 40：2011 年 1 月 26 日，西江南贵。毛交夏，男，37 岁，打工返乡后从事建筑业。

③ 调查笔记 47：2011 年 1 月 28 日，西江东引。宋书民，男，48 岁，打工临时返乡。

④ 调查笔记 32：2011 年 1 月 24 日，西江羊排。唐干部，男，50 岁，村干。

⑤ 调查笔记 3：2011 年 1 月 15 日，西江平寨。宋萍，女，41 岁，打工返乡后从事旅游业（餐饮）。

那个年代我感觉很痛快。不像现在这样像比赛一样的，钱啊。现在送礼都送很多，那时修房子也不要这么多钱。现在人都走了，去打工了，找不到人了，工钱很贵的。以前很多人在，互相帮助的，工钱也不要这么多，15块钱一天吧。现在的钱像水一样的花，没有钱以前也一样的过。①

娱乐方面只是我们自己民族的那个跳芦笙，那时年节很热闹的，人都没有出去，在家。现在年轻人也不喜欢学跳芦笙那些。小孩都玩陀螺、滚铁环、捉迷藏这些。电视这里西江只有一部，是政府给那边那个寨子的，是放霍元甲、陈真那个年代。没有电视，晚上就你来我家，我来你家摆龙门阵，女的搞刺绣。那时的人好像更齐心，现在的人每家都有电视了，人也不怎么来往了，心没那么凝聚了。②

二、打工带来的流行文化元素

流行文化元素主要是指构成城市流行文化的一些物质与符号形式，前者包括娱乐场所和设施，例如录像厅、歌厅、舞厅等，以及时装、发型、饮食等；后者包括高新技术产品，包括起初的电视、电话、传呼机、VCD、手机等，它们是一种符号—工具，表征着流行、时尚、地位等稀缺性资源。西江苗寨流行文化的兴起本质上是早期打工者在乡村对城市流行元素的模仿，它们代替了所谓的传统文化，虽然只在年轻人中间流行，但是这些流行元素表明了西江的开放，它们表征现代性。

西江这边比较现代的东西主要是我们这一代三十岁左右的人开始

---

① 调查笔记27：2011年1月22日，西江平寨。杨习，女，45岁，务农兼从事旅游业（旅游岗位）。

② 调查笔记40：2011年1月26日，西江南贵。毛交夏，男，37岁，打工返乡后从事建筑业。

的。吃穿上面改变，吃就油盐重点，穿是慢慢改善。像流行歌曲、偶像剧、发型改变都是从我们这代人出去打工从外面带回来的。我们现在生活消费慢慢涨高了，收入也没那么大。电水费，改造房子，家常做客这些啊，吃喝。①

如今四五十岁以上的西江人还能回忆起当年歌舞厅与迪斯科的情景，这些都是打工回来的人办起来的。

1990 年开始有电影，1995 年开始有那个最流行的舞厅，本地人也不知道他是在哪里赚的钱开的。去的好多人，人山人海的，是我们这代人去的。年轻人穿什么去的都有，有穿苗衣的，也有随便穿的。那时也有卡拉 OK 的。②

西江在文化娱乐方面开放看是在哪一方面，街上的舞厅、歌厅是在大概 1991 年已经有了，只有一两家，那时最流行了，是出去打工的这么一部分青年人开的，过年过节有打工的青年回来了，开始是阶段性的，后来慢慢大家习惯了就开始长期办了。一开始都是租人家房子一两个月来办的。③

九几年就开始有那个迪斯科啦、歌厅啦，我们老一辈的还看不惯，不让小孩去。现在都随便了，不管了。现在小孩也不好管了。④

打工改善了苗民的经济条件，特别是那些在城市里获得成功的人，他们有能力购买一些高新技术产品带回家乡，同时他们也带来了新的技术，例如建筑技术。

---

① 调查笔记 22：2011 年 1 月 21 日，西江平寨。侯天宇，男，29 岁，打工返乡后务农兼从事木工。

② 调查笔记 27：2011 年 1 月 22 日，西江平寨。杨习，女，45 岁，务农兼从事旅游业（旅游岗位）。

③ 调查笔记 55：2011 年 1 月 30 日，西江东引。宋文，男，40 岁，文化站工作人员。

④ 调查笔记 51：2011 年 1 月 29 日，西江东引。李玉，男，72 岁，教育站退休工作人员。

他们带回西江的最早可能就是那个 VCD，广东那边带回来的。西江的砖房最早的一个就是西江小学教学楼，是雷山来的师傅做的。后来西江的砖房都是打工学会的人回来建的。他们还用外面带回来的那个 BP 机，也就流行两三年，后来又到手机上市了。我在广东的时候，厂里一个领班去搞传销，去搞洗脑，天天叫我们去听课，他们就吹牛啊，说多长时间就可以用那个 BP 机。①

随着手机的出现，手机成为一种新的流行元素。

近几年手机才普遍，之前手机很少的，只有外面打工的有，看到别人用手机，心想我要是有个手机便宜点的，只要能发信息、打电话就行了。我 2003 年左右就买了一个，那时也不算用得快了。②

1997—1999 年时西江电话也是很少，一个村子也就两三个电话，是自己去买的那个公用电话。街上邮电局也有公用电话。看到人家有手机，心里觉得巴不得早一天能得用。最早是在外面打工看到人家用的手机。③

西江用手机最早是零几年，我上高中 2005 年用的是小灵通。2000 年左右就有人开始用了，那个诺基亚、飞利浦，大的那种。我上初中我记得我姐就开始用了，那时是 25、26 岁以上的人用，好像是出去外面打工的人。后来慢慢普遍了，那时钱很贵的，十块都很多钱。我姐那个手机九百块钱，我都觉得很多钱啊。④

那时外面流行大哥大，都是老板在用，一两千块一个，行政单位

---

① 调查笔记 39、39—1：2011 年 1 月 25 日、2 月 05 日，西江南贵。毛江，男，35 岁，打工返乡后经营农家乐。

② 调查笔记 10：2011 年 1 月 17 日，西江平寨。刘姐，35 岁，嫁入西江从事餐饮业。

③ 调查笔记 5、12：2011 年 1 月 16、18 日，西江羊排。李单，男，37 岁，打工返乡后务农。

④ 调查笔记 33：2011 年 1 月 24 日，西江平寨。陆医生，女，22 岁，镇卫生院医生。

的人也用不起。回来也开始用 CALL 机，我没用的。我 2008 年才开始用手机的。1995 年时有的人都用手机了，大哥大变形了嘛，小了。有些在外面打工好一点的都用了手机了，诺基亚那些都有了，稍微差点的用 CALL 机了嘛。打工用的很多的。手机当时到这里都没信号的，没基站。他们也就带个空壳子，扬威耀武的样子。西江第一个基站好像是 1998 年搞的。那时单位的人用手机的也少，主要是座机、CALL 机。[①]

后来手机作为一种流行元素，逐渐在西江苗寨普及。

2002 年、2003 年间，我们这里的手机移动信号塔开始是借用电视机信号塔，现在加高了。那时是工作人员，在外面从广东回来的人员用手机的。回来要显示一下自己嘛，从广东买一部七八百块，蓝屏、黄屏的手机。2004 年、2005 年时在职工作人员，打工回来的，年轻的没结婚的人普遍在用手机了。后来西江就开始有手机卖了，在西江这里可以上户了。第三批用手机的，我爸爸就买了一个（充话费送手机），2007 年、2008 年吧，那时领工资的老退休干部用啊。旅发大会后，两年的时间里，家里的妇女们都用了，到现在像我大哥的女儿十几岁的都用了。[②]

三、乡村旅游业的文化生产

2008 年 9 月以后，旅游业给西江苗寨带来改变，推动手机的迅速普

---

① 调查笔记 40：2011 年 1 月 26 日，西江南贵。毛交夏，男，37 岁，打工返乡后从事建筑业。

② 调查笔记 39、39-1：2011 年 1 月 25 日、2 月 05 日，西江南贵。毛江，男，35 岁，打工返乡后经营农家乐。

及。旅游业使得西江城镇化进程不断加速，资本、劳动力与市场迅速向西江集中，今天的西江苗寨已经荣升国家4A景区，与外面的世界联系得更加紧密。随着旅游开发，西江苗寨吸引农民工返乡加入到与旅游相关的吃、住、行、娱、购等行业中，使得西江非农职业多元化，例如开办农家乐、出售旅游纪念品、做饮食、发展娱乐场所等，旅游开发同时带动相关行业的发展，比如建筑业，另外旅游公司也提供工作岗位，比如环卫工、检票员、导游解说员、旅游观光车司机等。职业的多元化一方面引发人们对手机的需求，因为"手机就是活路"，它作为一种生产工具在西江社会生活中扮演重要角色。

随着西江旅游业的发展，手机从一种流行元素转为一种生产流行文化的工具，这种民族流行文化是一种旅游商品，主要包括民族歌舞、仪式表演、饮食、生活体验等，这些文化商品成为以原生态为主要标志的新的流行文化，特别是对于旅游来说，民族地区的旅游本身已经成为一种流行文化，例如丽江、香格里拉、西藏等地方的旅游，所以西江的流行文化已经不再仅仅满足于模仿，而是流行文化商品的生产。

（一）宣传西江：CCTV和演员

那时候中央电视台已经来西江有些日子了，他们主要想拍一些当地人过春节的新闻报道，同时这也是中央电视台新春走基层的新栏目。当然这次的采访也是地方政府积极博弈的结果，为的是宣传西江，为西江旅游助力。

CCTV新春走基层在西江站一共有五组场景：（1）苗寨寨老与老年妇女唱苗歌。上午9点左右他们站在市场街道两边，身穿盛装，唱传统苗歌，这是对西江苗寨寨门迎接游客场景的翻版，当时的场景是派出所与协警将道路两端拦截，摄制组进行拍摄。（2）打粑粑。打粑粑主要在老街的铺面门前进行，打粑粑的人都是自愿报名，并获得一定的报酬。（3）

长桌宴。长桌宴主要在西江老街上进行，当地的农家乐承包了宴席的准备工作，参加长桌宴的主要有跳芦笙舞的演员、春节黄金周的游客、当地的政府人员等，摄制组主要拍摄演员的部分，当天还有许多摄影爱好者参加拍摄。（4）斗牛比赛。斗牛比赛在平寨陆家桥东边的白水河边举行，参加比赛的牛除了一头来自西江信用社，其他的都来自周边乡镇，那天的观众大部分是西江人，但是此刻他们也成为演员参加拍摄。（5）芦笙舞。跳舞的演员都是雷山县请来的专业人员，从老人到小孩都有，他们头几天就开始彩排，中午时可以看见他们集中在农家乐吃饭、休息，芦笙舞主要在西江演出场后面的芦笙场举行，跳舞时观众并不多。另外，我们通过电视新闻报道还了解到，记者采访了羊排的一家银匠，还有另外一家人的春节聚餐。

通过以上场景的简述，我们可以发现西江借助 CCTV 生产的文化商品是什么。首先对于西江来讲这是一组商业广告，它们告诉全国的观众西江苗寨是怎样过春节的，这里有传统歌谣、民俗、长桌宴、斗牛比赛以及民族歌舞。其次这种广告效果基于一种乡村民族旅游的流行风尚，就像丽江印象。生产这样的文化商品目的就在于吸引更多的游客来西江旅游，同时将西江苗寨的品牌做大。另外，我们可以发现西江借助传媒生产的文化商品都是由哪些人共同完成的。一部分是西江苗民，他们主要是在寨门口迎接游客的工作人员，这些人一般都是年纪比较大的，他们每天从早到晚都在寨门口站着，除了中午吃饭、休息，这样的工作是自愿报名，每人每天14 块钱，西江四个片区轮流上岗，他们参加了这次的唱苗歌表演。另外还有一部分西江苗民参加了打粑粑的表演，他们一人 20 块钱作为报酬。而长桌宴、斗牛比赛和芦笙舞似乎与西江苗民没有关系，参加这些演出的都是周边请来的人，比如参加斗牛比赛的都是周边乡镇的，除了比赛奖金还付给他们一定的报酬，而参加拍摄长桌宴的演员本身就是跳芦笙舞的演员。最后，值得注意的是导演这次演出的一方是镇政府，他们出资、出场地、派演员、维护舞台秩序等，所以这样的文化生产本质上是一种传媒宣传品的政府运作生产。

（二）雷阿幼朵：商业演出和偶像

实际上我们并没有现场看见雷阿幼朵本人，因为 2010 年夏她在西江酒坝子的演出现场被观众围得水泄不通，舞台背对着河边道，我们到了现场也未能目睹明星的真容。还是通过她个人博客以及《中国人大》里的照片，我们看见了这位 80 后的明星、歌唱家、全国人大代表。雷阿幼朵出生在临近西江的黄平县，她早年与母亲生活，后来去深圳打工，因为拥有一副好嗓音，她通过参加贵州省以及全国的歌唱比赛脱颖而出，如今她成为北京师范大学的一名音乐教师。如上所述，雷阿幼朵的身份更多的是一名原生态的苗族歌后，她是一位代表民族流行文化的偶像。

雷阿幼朵演出的舞台是西江苗寨，大部分的观众是游客，她所演唱的是苗族原生态的歌曲，作为商业演出，它为游客增加了一个旅游项目。相似的情景在丽江也能找到，丽江古城专门为纳西古乐演出提供场地，每位到丽江旅游的人都有机会观看纳西古乐的表演。这种依托民族文化的旅游实际上是一种舞台表演，例如丽江古城和西江苗寨，舞台与观众共同组成了旅游景观，所以从这种角度来看，对于西江苗寨来说，这种文化的生产源于西江苗民共同制造，他们提供了舞台，提供了文化元素，提供了被消费的文化商品。西江苗民由消费流行文化转为生产流行文化，唯一不同的是后者属于特殊的流行文化，它同样获得大众的喜爱并得以传播。

（三）文化体验：从农家乐到客栈

游客到西江苗寨并非去体验苗族文化，而是要换一种临时的活法，这是如今西江旅游面临的首要问题。什么样的临时活法？那就是完全的休闲娱乐，忘记工作、生活的一切烦恼。所以景区就要按照这种流行趋势，打造一个美丽的西江景致，吊脚楼上流行的马灯在夜里星光闪闪，激光照明将西江装扮成城市的广场风格，住宿的地方要有互联网络，喝铁观音的茶几上要铺一张民族特色的蜡染布，……如果你只看这些，这些就是一种流行元素，它们天然地与民族旅游相结合，夜夜笙歌、觥筹交错……这些元素在流行风尚中日趋一致，无论你在哪里都一样（大理、丽江、西江……）。所以西江苗寨面临的这种问题实际上是民族原生态向民族流行文化的转变问题，游客需要什么，景区就要做出相应的改变，例如游客转了西江一圈，饭后要打麻将，那么就要准备麻将，这些元素皆出自流行而非民族原生态，所以西江正在不断地生产这种新的流行文化。我们从农家乐（苗族风格）的变化入手看看它是如何改变成为客栈（流行风格）的。

李乡①是一位成功的农家乐老板，他比较了农家乐、客人和自己在近几年间的变化，

> 刚刚开始农家乐的时候，游客来这里非常客气。老百姓对他们也非常客气。两三年后客人就非常不客气。如果要感受西江就不介意这里的条件。游客来这里开始也不计较。到了旅发大会后，觉得钱大（钱花得多），（当地）条件又达不到。要求又有普通间，有空调，有卫生间。刚刚来的客人也客气，感兴趣交谈真的比较好，消费也不多，高兴就好，比较爽快，也不挑剔。前3年（2008年至今）就是风俗风气我们特别高兴。农家乐只要搞干净了就行。3年以后你们家卫生间也没有，把价压得很低，很商业化的。我们肯定要随着改变嘛。以前的团队过来特别客气，后来旅行社、自驾游来享受，又压价格。但是也有少数也感受我家侄子很老的房子，有一两家特别愿意住。

---

① 调查笔记6：2011年1月16日，西江南贵。李乡，男，41岁，打工返乡后经营农家乐。

　　毛大哥在帮人经营一家客栈，在夜里你会远远地看见南贵的山上客栈的醒目招牌。我们曾两次到访客栈。毛大哥人很有激情，第一次见他，谈的也不少，后来因为东引有老人去世要去帮忙，毛匆匆离开。约下次再谈。这次谈没有在他家，而是在他经营的客栈里。他并不是客栈的老板，老板是一位摄影家，他租了毛的房子来做客栈，从2010年下半年开始装修，今年刚刚开始营业。平时毛与妻子负责照料客栈的生意，摄影家老板则在外地。

　　客栈整个房子的装修颇费功夫，从外面看依然是苗家的吊脚楼，而里面完全"现代化"了。美人靠所在的会客厅摆着简单的书架，一些关于旅游的书还有小说被各种新鲜的小玩意陪衬着。对面是电脑桌，中间则是一台带电暖器的小方桌，摆好四把靠椅。各个房间也布局各异，显得清雅。这与西江普通的农家乐有所不同，后者重视清洁而不在意更细微的设计，当然保留了苗家室内的一般特点，只不过多了卫生间、空调等。而在此之前，西江的农家乐没有太多现代元素，只讲究清洁卫生，以"原生态"来招待顾客。

　　后来游客与农家乐一起起了变化，正如李乡所说，一开始来的游客很客气，不讲条件，只要干净、卫生就很满意。那个时候生意做得很舒心。后来游客旅游的成本增加，农家乐的条件也被后来的游客抱怨。游客感觉钱花得不值。逐渐地农家乐增加了独立卫生间、电视、空调、宽带，而农家乐的成本也跟着上来了，这样游客旅游的成本又进一步增加，农家乐老板的生意做起来就不是那么舒心了。

　　在这个过程中，当地农家乐老板在变化，游客也在变化。李乡说，现在的游客水平层次不如以前了。而游客则抱怨现在的农家乐只认钱，宰游客，农家乐已经变味了，商业化了。当然也有例外，有一位农家乐老板说，有一些游客来西江后直接被拉到高级农家乐住宿，结果很多人都跑到他新建的农家乐来了。那些游客喜欢单纯的木房，不喜欢吹空调、看电视，他们说那样的话跟家里有什么区别?!

四、流行文化与商品拜物教：
从手机到大众文化

采用流行文化的概念旨在论述西江苗寨的社会变迁，如前所述流行文化具有变迁的性质，从手机到大众文化表明了流行文化的这种特征。

某种程度上说，打工给西江带来的流行文化是苗民从观看消费到消费的过程。他们在城市里首先观看、学习他者对流行文化的消费进而在乡村模仿，模仿的对象主要是一种城市的核心文化①，包括电影、电视、娱乐等。这种流行文化的传播致使以往的乡村"传统"文化失去吸引力。在打工给西江苗寨带来的流行元素中，手机占有一席之地，手机表征着"美好生活的想象，成功的镜像，品味的表达，时尚的风向标，个性的折射，拜物情节的书写"②，这是手机作为一种流行符号的公共形象（public image），手机更多的代表权力、成功和财富并散见于流行文化之中，例如笑话、歌曲、国家符号③，对于西江苗寨而言，苗民对于手机的追崇是在心理层面，同时反映出手机所代表的地位的标志（status marker）④，成功和财富的流行。

随着手机从一种流行元素变为生产工具，西江苗寨开始在旅游业中生产文化商品，这种商品属于流行文化，更准确地说属于民族大众文化。它

---

① ［美］戴安娜·克兰:《文化生产：媒体与都市艺术》，赵国新译，译林出版社2001年版，第166页。

② 王萍:《传播与生活：中国当代社会手机文化研究》，华夏出版社2008年版，第172—182页。

③ James E. Katz & Mark A. Aakhus (eds.), *Perpetual Contact*: *Mobile Communication*, *Private talk*, *Public Performance*, Cambridge: Cambridge University Press, 2004, p. 90, 135.

④ Rich Ling & Per E. Pedersen (eds.), *Mobile Communications*: *Re-negotiation of the Social Sphere*, Surrey: Springer, 2005, p. 64.

与国内兴起的民族文化旅游紧密结合，这种大众文化的一些元素包括民族
"传统"物件，例如蜡染、银饰、客栈、马帮、茶、酒吧、表演等，民族
节日、仪式、歌舞等。本质上这是一种传统的发明①，发明的原动力来自
于这种大众文化本身。

　　民族大众文化源于民间，源于人民群众的劳动和智慧。民族大众
文化通过各种形式反映了各民族大众日常生活实践，借助语言、文字
和文学艺术的载体、通过大众传媒系统，在各民族大众中广泛传播。
人民群众劳动生产的过程就是民族大众文化产生和延续的过程，正是
因为得到了人民群众的掌握和认同，民族大众文化才得以代代相传。
在现代社会，民族大众文化还体现了满足市场经济发展的内在需求：
市场经济发展使现代人进入了新的生存环境，精神压力需要舒缓，闲
暇时间需要充实，个体主体性需要展示，而丰富多样的民族大众文化
特有的娱乐消遣性，正好为民族大众的消遣娱乐、文化生活提供了丰
富形式和广阔空间；它开辟了民族大众启蒙教育的有效途径，这种途
径的潜移默化性、广泛性和低成本性超过了国家教育体制内的力量；
民族大众文化的生产、传播、消费、反馈形成了一系列新兴的文化产
业；它还推动了民主政治的建设。文化产业化是以文化为主要资源，
通过生产经营和市场运作赢利，为消费者提供精神文化产品和服务，
为经济社会发展注入文化力量和活力。将民族文化产业化与旅游业的
合理开发有机地联系起来，除了在基础设施建设中要有全局观念和规
划外，更要重视将一个地区的民族文化旅游设施建设能保证游客在较
短的时间内能够领略更多的民族文化；在景点的介绍中要将历史与现
实、自然景色与文化内涵包涵在其中，借助现代科技手段，让游客在

---

　　① ［英］E. 霍布斯鲍姆、T. 兰格：《传统的发明》，顾杭、庞冠群译，译林出版社 2004 年
版，第 4—17 页。

文化的漫游中充分获得精神愉悦。总之，民族文化的产业化可以促进民族文化的挖掘和弘扬，从而促进民族大众文化的发展。①

通过前文三个场景的简述，我们认为西江苗民在演员、观众和生产者之间不断地进行角色转换，目标只有一个即在旅游业中生产一种民族大众文化以迎合游客的品味。他们与游客共同生产了一种景观社会（society of the spectacle）②，西江的景观同样是由商品堆积出来的，不同之处在于西江的商品是一种文化商品，它可以是一则新闻报道，可以是一场商业演出，可以是一家能够机械复制的客栈。这是一个大众文化的梦想世界③，日常生活的平凡与大众文化的强势在西江苗寨形成鲜明的比对。

商品拜物教批判的文化转向表明大众文化的正面效应，因为大众文化不仅是消弭差异的复制商品，而且可以成为一种文化产业，文化产业是当代最具增长力的产业形式，对于西江苗寨的现代化而言，流行文化的话语比商品拜物教的批判更合适，因为前者避开了大众文化的批判，将注意力转向一种文化生产的领域，这种民族大众文化对于西江苗寨具有重要的现实意义。尽管我们仍然采用批判的概念来分析这种民族大众文化的内在逻辑，但更应该看到的是从手机到大众文化的西江苗寨流行文化的变迁历程，在近三十年的现代化进程中，苗民从模仿到生产，从边缘到核心，成为社会发展的语境之一。进一步地说，通过西江苗寨流行文化的研究，我们应该转变以城市为中心的理论偏见，乡村的流行文化变迁实际上是对这种偏见的逃逸，这是一种现代性的多元观点。

---

① 和沁：《保护民族大众文化实现民族文化可持续发展》，《云南民族大学学报（哲学社会科学版）》2006 年第 5 期。

② 参见高岭：《商品与拜物——审美文化语境中商品拜物教批判》，北京大学出版社 2010年版，第 59—65 页。

③ ［英］安吉拉·默克罗比：《后现代主义与大众文化》，田晓菲译，中央编译出版社 2001年版，第 145 页。

第四章　家族的凝聚与分散

如今手机 QQ 群、微信朋友圈越来越多地突破同事、朋友的界线，走进更加亲密的亲属关系之中。无论如何使用家族这个概念，人们习惯于将围绕亲属关系建立起来的网络群冠以家族群的标签。手机成为亲属关系的新平台，晚辈晒照片以期长辈们多多点赞，长辈转发网络鸡汤以期晚辈来踩，特别是有孩子的夫妻会利用家族群共享实时更新的照片、视频，亲属出门旅行也会及时共享美好的旅行印象，过年过节、家人聚会、共商议事、互通有无……无形中，手机移动互联网平台凝聚了部分亲属关系，让家人之间有了更加深入的了解和理解，父母可以在其中看见不一样的子女，长辈能够频频与晚辈进行沟通，这在越来越快节奏的社会里意义非凡。

家是社会的基本单元，家是国的基础。家人是一个比较宽泛的概念，亲属关系群体、拟制亲属群体、好的朋友群体均被人们纳入家人的亲密范围。传统社会中可以通过一年到头诸多节日、仪式、庆典来客观上凝聚这种亲密关系，特别是婚丧嫁娶。现代社会囿于人们流动性的增强，加之亲属关系遭遇到一定程度的现代理性刺激，一度出现疏离的局面。所以，我们今天才大力提倡家庭的情感建设，亲子之间、亲属之间、夫妻之间保持一种温情和温暖。现代信息传播技术造就了这种亲属关系的粘合剂，手机的角色却一波三折，开始是通讯工具，以联络家人；而后是个人小天地，将家人各自孤立，所以才有一段公益广告：儿女们周末来父母家里聚会，却因各自玩手机致使父母感觉被疏远；随着信息平台建设的深入和人性化，通过手机一种虚拟即时全天候的家成为现实。

20世纪20年代后，在美国学习社会学和人类学的中国学者回国后，提倡社会学的中国化，特别是燕京大学的吴文藻，他不仅引入美国的社会学，1935年还邀请布朗来燕大讲学，对英国的社会人类学导入中国起到了重要的作用。在20世纪30到40年代，在英美受过正规训练的吴文藻、潘光旦、费孝通、许烺光、林耀华、李景汉、陈达、田汝康等取得了非常卓越的研究成果。这些调查主要围绕着家族和婚姻、土地制度和农民生活、社会阶层、法和习惯、社会心理、人口动态、文化生态、社会变动等方面，来考察中国的社会结构。其重要的一个参照指标，就是没有离开"家"这一基本的核心。

在这一背景下，以费孝通和林耀华用英文出版的《江村经济》和《金翼》在国外影响较大，特别是费先生的《江村经济》成为人类学研究史上的一个里程碑。此外费孝通和张之毅的《云南三村》（《被土地束缚的中国》）也是这一时期的重要著作。另外20世纪30—40年代用英文出版的人类学著作有陈达的《广东、福建的移民母村的研究》，主要以南洋移民的母村社区，即厦门附近和汕头附近的移民社区进行比较研究，并对移民和现代化问题进行了讨论。此外还有杨懋春以自己的故乡青岛辛安附近的农村为背景进行的民族志研究（Yang Martin C., 1945, *A Chinese Village*：*Taitou Shantung Province*）。

在这些研究中，费孝通先生的研究最为引人注目。他的《江村经济》就是从家开始推及到社会生活的诸多方面，最后，将以家为基础的社会结构和以家为基础的各种经济关系，在土地关系上结合起来。而他的《生育制度》是关于家及世代关系的一个理论性极强的论著，认为家庭成员之间的关系就是"生"同"育"为基础形成的关系，在这里费先生通过家的研究，道出了人类社会的生物性和社会性的关系。①

社会学学者一直关注家。传统社会中家族、宗族是一种基本社会制度，在现代社会中，家族研究很大一部分是关于家族与现代化的研究，特别是改革开放以来家族的复兴引起学界对该问题的关注。

家族与宗族的概念也引起学者的关注，一般地，在口语中人们普遍使用家族的概念，在研究中较多使用宗族的概念或二者混用并不作细分。有学者认为，家族概念更强调意识层面而宗族更强调组织层面②，对于我国少数民族地区的家族研究表明，在组织层面少数民族的家族一般没有像汉族那样完备的设置，例如祠堂、族谱、族产等③，所以对于西江苗寨来说，家族的概念或许更能够表达西江苗族的情况。

一般地，家族指的是一种父系血缘祭祀群，这种社会群体通过一定的活动（婚丧嫁娶、祭祀祖先）得以维系，在日常生活事务中扮演利益集团的角色。这里家族的概念不再强调宗祠、族规、族谱、族产等组织性质，而是强调一种家族意识，这种意识更多地体现在人们的情感之中，而非家族（宗族）的物质符号上。

已有的家族研究包括家族的社会史、家族复兴和家族变迁等研究，其中家族的复兴和变迁研究属于家族与现代化的问题。

家族研究的范式包括进化论和历史唯物主义、结构—功能论、系谱体系论、历史过程论及后现代主义（家族与现代化研究的历史转向）等，

---

① 麻国庆：《汉族的家族与村落：人类学的对话与思考》，《思想战线》1998年第5期。

② 江慧：《出世和人世：论家族和宗族的概念》，《上海大学学报（社会科学版）》2007年第7期。

③ 陈德顺：《民族地区村落家族的特性分析》，《云南民族大学学报（哲学社会科学版）》2006年第3期。

这些范式反映了人们研究家族的多元叙事。①

　　在家族研究的视野方面，国外学者主要通过村落研究家族，另外也有学者通过家族研究村落—国家的关系问题，国内的学者主要以家为出发点研究家族。在家族研究的视角方面，现有研究从家族内部转向外部视角，例如，有学者从环境②、全球化③的视角研究家族复兴，这就将家族研究从仪式性的家族转向"日常实践"的家族（即"事件"中的家族④）视角。

　　学界从家族内部与外部、仪式性与日常实践的视角研究改革开放以来家族的变迁。例如政府、业缘、传播、人格等外部变迁，家族权威、能量、财富⑤，家族首领、新型家族组织等方面⑥的家族内部变迁。

　　在社会转型的背景下，学界对家族是走向复兴还是瓦解存在争论，中间论者认为家族在现代化的过程中实现一种"社会继替"或创造的转化⑦；另外家族在变迁过程中越来越朝向事件性的加强⑧。这就意味着家族的变迁已经脱离了复兴—瓦解的宿命，研究家族变迁的空间被拓宽了。

---

　　① 杜靖：《百年汉人宗族研究的基本范式——兼论汉人宗族生成的文化机制》，《民族研究》2010 年第 1 期。

　　② 杨圣敏：《环境与家族：塔吉克人文化的特点》，《广西民族学院学报（哲学社会科学版）》2005 年第 1 期。

　　③ 范可：《旧有的关怀、新的课题：全球化时代里的宗族组织》，《开放时代》2006 年第 2 期。

　　④ 杨善华、刘小京：《近期中国农村家族研究的若干理论问题》，《中国社会科学》2000 年第 5 期。

　　⑤ 王沪宁：《当代中国村落家族文化——对中国社会现代化的一项探索》，上海人民出版社 1991 年版，第 151—195 页。

　　⑥ 钱杭、谢维扬：《传统与转型：江西泰和农村宗族形态——一项社会人类学的研究》，上海社会科学院出版社 1995 年版，第 46—80 页。

　　⑦ 麻国庆：《家族化公民社会的基础：家族伦理与延续的纵式社会——人类学与儒家的对话》，《学术研究》2007 年第 8 期。

　　⑧ 唐军：《仪式性的消减与事件性的加强——当代华北村落家族生长的理性化》，《中国社会科学》2000 年第 6 期。

西江苗寨家族的变迁更多地是在日常实践方面或事件中的家族变迁，例如手机与西江苗寨新型家族网络的构建，这种策略主要基于人们对家族处理日常事务方面重要性的认识。在西江苗寨，家族的变迁更多地是在外部环境方面，相对的家族的内部变化很小；旅游业的发展不仅改善西江苗民的经济条件，使得他们的家族观念遭遇一定的经济压力，同时旅游发展给苗民"族居"带来一定的挑战，另外随着西江现代化的不断加速，家族所承载的功能也在一定程度上面临选择，这些家族的外部变迁都具有矛盾性，这种矛盾性表明西江苗寨家族所处的临界状态。

一、从家族到鼓社：西江苗寨的社会组织

西江苗寨的家族体现在精神层面，这里的家族没有宗祠、族产、族规族训等汉族那样的符号化的设置，即使是家谱也很少，他们所谓的家谱也只是关于家族系谱的示意图。所以西江苗寨的家族核心在于父系血缘所决定的祖先崇拜及祭祀。这种家族的宗教性与家族的世系分化有关，人们在日常生活中所实践的主要民俗宗教即是这种祖先崇拜。家族维系凭借日常生活中的婚丧礼仪、宴请陪客、交往互助等活动以及岁时节庆时的仪式活动，这些活动的举办主要依靠家族兄弟，参与这些活动的也包括家族之外的"亲戚"、朋友，这里亲戚主要是指"房族"以外较远几代的家族兄弟和众多的姻亲。西江苗寨有 15 个家族①，这些家族共同组成一个鼓社，鼓社是一种具有拟制家族性质的社会组织形式，鼓社如今主要承担西江苗寨鼓藏节的工作，这也是整个苗寨祭祀祖先的最隆重的节日。

---

① 参见杨正文：《鼓藏节仪式与苗族社会组织》，《西南民族学院学报·哲学社会科学版》，2000 年第 5 期，第 13—26 页。

西江苗民的祖先崇拜源于他们的灵魂观念，祖先的灵魂分别位于坟茔、"哥纳"以及鼓社之中。这种观念与他们的家族结构有关，我们以一个家族的生长为例来说明一个理想类型。例如 A 及妻子有三个儿子（B1、B2、B3）和若干女儿，一般地，三个儿子分别按年龄大小先后当家，并将 B1、B2 分家出去，留最小的儿子 B3 与父母在一起生活。如果 A 与妻子去世，那么围绕对他们的祭祀则形成一个核心家族，这个核心家族成员包括 B1、B2、B3 及他们的儿子（第三代），此时祖先的灵魂存在于坟茔和"哥纳"之中，对于 A 与妻子的祭祀则属于墓祭与家祭。"哥纳"是在 B3 家庭（祖屋）里设置的一种家祭的祭祀处，日常庆典（如婚庆）和岁时节庆时都要在"哥纳"处摆祭祖先，另外在日常生活中遇到小孩子生病、生产生活难题，通过鬼师的诊断往往也要在"哥纳"处摆祭。还有一种说法或观念认为，祖先在家祭时是由"桥"的引导从坟茔处回到家（祖屋）中来享受祭品的，桥可以是一种实体的形式，比如家门口的桥，也可以是象征性的，例如家门口有一个池塘就可以在边上横一根木料作为一种桥，还有就是在家门口埋上一节木料正对着大门作为一种桥，总之，无论是哪种形式的桥都只是引导祖先归家的渠道，所以祭桥（点香、烧纸、滴鸡血、鸭血）总在家祭之前进行。墓祭主要在清明节前后进行，由 B1、B2、B3 共同主持。围绕对 A 与妻子的两种祭祀构成了核心家族。

如果 B1 与妻子去世，那么围绕其后代对他们的祭祀则又成为一个核心家族，同理 B1、B2、B3 则分化成为不同的房族。此时，B3 家里的对 A 与妻子的家祭处"哥纳"随着 B3 的去世则被废除，取而代之的是对 B3 的新祭祀处"哥纳"的设置（B3 的小儿子设立）。A 与妻子的墓祭随着三个儿子的去世也被取消。那么家祭、墓祭则由鼓社来完成，换言之，A 与妻子的灵魂此时已经在鼓社之中。从 A 与妻子处算起，这个家族就由三个房族和以下若干个核心家族组成。当然，这只是一种理想类型的分析，旨在说明西江苗寨家族的结构：核心家族—房族—家族……鼓社。鼓社是一种拟制家族形式，西江苗寨15个家族共同拥有一个象征性的祖先，他们构成一个鼓社，鼓社主要祭祀西江苗民的"祖先群体"，由鼓藏头及其所代表的家族为核心，通过与村寨（传统）议榔、理老制度结合成为形制完备的"拟制家族"：族长（鼓藏头，其家族被认为是开拓西江的最早的家族；理老）、族规族训（议榔制度下的民族习惯法）、宗祠（藏鼓处，如今西江鼓藏头家建起鼓藏堂，虽然一方面用于游客参观，更重要的是作为一种新的藏鼓形式）等。

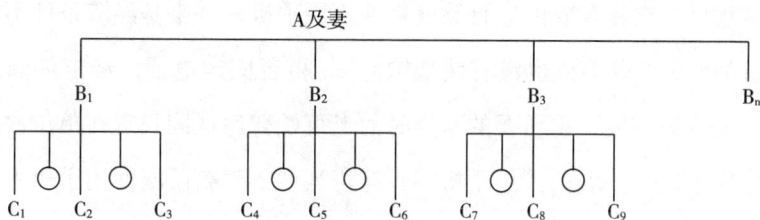

图4-1 西江苗寨家族理想类型分析示意图①

改革开放以来（1986—2010年）西江苗寨经历打工潮和旅游开发的社会变迁，但是西江苗寨家族内部并没有发生太大的改变，特别是从家族意识方面来讲。这与西江苗寨家族的本身特点有关，如上所述，精神层面意味较浓的家族形式内部并不受社会变迁的左右（无论是革命、集体化、改革等）。然而，社会变迁在家族外部形成一股力量，这股力量并非复兴（如旅游业的发展需要）或消解（如现代化的深入）家族，而是既强化家族又使得家族面临困境的矛盾的状态。手机的普及意味着西江苗民能够使用手机来加强家族的凝聚力，形成以手机号码通讯簿为"家谱"的新的技术家族。

---

① 参见杨正文：《鼓藏节仪式与苗族社会组织》，《西南民族学院学报·哲学社会科学版》，2000年第5期，第13—26页。

二、新技术家族：手机与西江家族维系

2005 年左右，西江苗寨的工薪阶层开始使用手机，这些工薪阶层包括政府工作人员、学校教师、乡镇卫生院医生等。当时在家务农的老百姓已经普及固定电话。手机走近工薪阶层，它表征着工薪阶层所拥有的文化资本，因为在乡村这一阶层拥有较高的学历，生活在体制内，他们虽说经济条件不是最好，但作为一种有文化知识的代表，他们使用手机得到社会认同。相反，在家务农的老百姓就拒绝使用手机，一来是经济条件不能满足手机消费，"有手机也没有钱喂饱它"，再者固定电话已经能够满足平时日常生活的需要，更重要的是当时的老百姓普遍认同只有在单位拿工资的人才用手机，务农的人用手机不具有正当性。工薪阶层使用手机主要用于亲戚朋友的交往，他们拥有的非正式权力资源较多，能够使用一些"关系"帮助亲戚朋友解决一些问题，而家族是西江苗寨亲戚朋友交往的主要社会空间，家族是处理日常生活事务的智囊团、关系网，是西江人社会生活的行动单位，而手机也参与到家族网络之中。

西江苗寨的家族与汉族的不同，前者重视在精神层面对祖先的慎终追远，表现出较多文化、信仰方面的偏重。西江的家族组织没有祠堂、庙宇等物化的符号，如今西江人以家庭为基本单位，以家族为聚居，若干家族又共同组成一个鼓社，西江苗寨就是一个鼓社。在西江，对一个家族里的家庭来说，娘家人里有婆家人，婆家人里有娘家人，"大家都是亲戚"也就理所当然，日常生活中最能体现家族存在的当属婚丧礼仪。侯长路谈到自己房（家）族的情况以及西江丧礼中家族的重要性，其中他也说明了手机之于家族的意义。

> 同房兄弟有什么大小事都在一起了。同房同族有事就在一起商

量，过年过节也是互相串门吃，你去我家，我去你家的。我们房族几代人，四五十人了。（家族）很重要，以后要延续的。苗家肯定要有的，你们那边老人去世是要火化的，我们这边没有的，是要挑去埋的，没有房族是办不了的。这边白喜事肯定要去帮忙的。做事的人家还要列出来喊好几处客，外地的、本地的都要喊，一下来要三十几处、四五十处客啊，一处客就要到那一处去请吃，在那一处的人都集中到一个地方去吃。房族兄弟里手机号码很重要，还有要整个打印成一个表列出来的，一家发一个，我们家也有个兄弟说要搞一个表。有电话一联系就联系上了，手机用了又放不下了，没有手机这个人就找不到了。以前全靠喊，去一个方向就叫两个人去，挨户叫。白喜事的，去喊人，比如我家，去喊我姑妈家的，我姑妈还送他点钱，我家杀猪还留下猪肚部分给他们。[①]

在西江苗寨用手机装备起来的家族成为一种跨越时空的网络。移民美国的苗族也为我们提供了一个传统文化与现代化互动的案例，美国苗族利用"协会"这一形式来使家族结社合法化，他们的家族会议采用现代社会一般的开会形式，会议的议程包括开幕式、专题发言、各州协会会长汇报、分组讨论、专家问答、总结评估等[②]。在西江除了婚丧、年节，家族互动更多是在日常生活的"走家串寨"中进行，通过"摆龙门阵"、"吃吃喝喝"，甚至整个家族的聚餐来强化家族的凝聚力，一些日常生活的问题能够在这样的社会关系网络中得以解决。比起修撰家谱，现在制作家族通讯录更加流行，手机等通讯技术使这些传统互动具有现代的高效率，使家族联系更加紧密。西江人用手机编织传统社会关系网络，背后所反映的是传统血缘、地缘关系的重要性，正是在手机的参与下，新的技术家族出

---

① 调查笔记64：2011年2月9日，西江羊排。侯长路，男，42岁，教师兼经营农家乐。
② 张晓：《美国社会中的苗族家族组织》，《民族研究》2007年第6期。

现了。

三、市场、政府与旅游业：矛盾的家族场景

（一）家族观念遭遇经济压力

日常生活中，西江苗民的家族观念体现在宴请和陪客中，这种活动发生在日常来客、婚丧礼仪等情况下，虽然有若干种情况，但是宴请和陪客的规则是相同的。例如，有客人来到某一家，无论是家族兄弟、亲戚还是朋友，那么主人就会请他的家族（更多时候是房族）兄弟来陪客，这与西江苗寨的族居形式有关，他们都聚族而居。主人请客一餐后，来陪客的房族兄弟接着再将若干人等请回自己家里吃一餐。这是西江宴请和陪客的主要环节，另外在岁时节庆、走亲访友、婚丧礼仪的情况下，还要加两个环节：首先一餐是主、客双方和陪客的房族兄弟将客人的礼物吃掉（主要是食物），接着是上文所述的两餐，最后全寨（自然村）共同请吃一餐（在婚丧礼仪中）、房族间共同请吃一餐（走亲访友中）。布迪厄（Pierre Bourdieu）在礼物交换的论述中所强调的"时间间隔"，即他引入时间的概念即时间间隔的考量，来分析礼物交换①：赠与方与接受方正是由于在赠与与反馈之间拥有了时间间隔，才让人觉得礼物的赠与方没有考虑自己的回馈，同时接受方的反馈行为也没有了回报的意味。礼物的交换在加入时间的因素以后由于赠予与反馈的时间间隔而掩盖了赠予方所要的反馈期待，使得礼物交换呈现"公益"性。这种捆绑家族（特别是房族）的宴请和陪客规则实际上体现了西江苗民强烈的家族观念，但是这种观念却面临一种经济压力。

---

① ［法］皮埃尔·布尔迪厄：《实践理性：关于行为理论》，谭立德译，生活·读书·新知三联书店 2007 年版，第 155—156 页。

房族兄弟起房子，一家50、100块，请半个寨子来喝。生小孩礼很重的，现在没有区别，只是钱要多了。现在钱贵一点，没有钱很困难。吃喜酒看你亲不亲嘛，一件衣服，自己家里人就买礼物好一点，给一两千块钱。红白喜事同叔同伯要帮忙的。小孩刚生的时候起名字就请一餐。娘家送礼来了来看你，送半路你来接可以，送到家再走也可以。条件好的话就喝两三天酒。现在都抬猪去了。不亲的随便给一点都可以，同叔同伯一定要买礼。①

开支最主要是请客喝酒多一点。红白喜事啊都很花钱。送什么没规定，你有钱送钱，送东西、棉被那些都可以。现在钱不像以前送那么少了。如果我们是老表，你结婚，我最少要送五百块才好意思。不过送多送少，亲戚也不跟你计较。其他开支都不多。②

在家生活很习惯，就是花费大，水电啊那些，主要的我们苗族热情好客，请客吃饭多。这边搞一些事情，结婚啊，死个老人啊，起房子啊都喝五六天酒，我们现在看来就觉得没必要搞那么久了。（打工）来家里就感觉自由轻松啊，但是就喝酒花钱，要有钱花。死一个老人杀十二头猪，要给客人猪腿抬。整个寨子的亲人或远的都来，只有亲戚、房族兄弟来的，叫他们来。喝喜酒也要叫。老人死了送一升米，喜酒送点钱，一二十块啊，好朋友就几百块啊。这些吃酒的消耗钱太大了。不在家远了，就不用去了。这边最少就吃三天的。今天吃主人，明天吃他兄弟房族的，后天吃全部人的。人情往来也就这些，没事就各忙各的事，有事就要停掉，请假参加。③

在经济压力下西江家族观念没有减弱，虽然苗民认为宴请规则太耗

---

① 调查笔记3：2011年1月15日，西江平寨。宋萍，女，41岁，打工返乡后从事旅游业（餐饮）。

② 调查笔记29：2011年1月23日，西江平寨。侯村，男，37岁，打工返乡后从事马帮。

③ 调查笔记47：2011年1月28日，西江东引。宋书民，男，48岁，打工临时返乡。

费，也有一些想法，但是他们同时也认为这是苗家的好客体现，更重要的是这些"陪客"一旦成为宴请的主人，身份的改变就意味着他们更看重这种会客之道，强调在场的重要性。因此在这个角度上家族观念似乎处在左右两难的境况。

> 以前生活还没好的时候，像搞那些敬老祖公，搞一些好事。生活不好，平常吃舍不得嘛，比如说小孩生病敬老祖公，搞肉食吃，必需叫最亲的人。有吃的不叫我们（不好）。现在叫你去吃，（去）还比较客气，不客气的话还不愿意来。因为你家生活好了，无所谓嘛。本来一家很穷，为图吉利不得已舍钱搞样板，必须叫你去吃，不叫，做事叫你就不积极。现在颠倒了，叫你来做事，来，叫你来吃就不出钱来吃，也不来。以前怕你出钱，现在只要出钱也不来吃。盖房子出力，以前怕你不出力。现在只要你出力干了，出力等于出钱。只要你再有钱再出力，必须要来吃。不来吃还骂你。只要人在就高兴。不是哪一个家族，是整个社会发展的结果。①

（二）族居遭遇旅游业

西江苗寨的旅游开发属于政府主导的模式，在西江景区，羊排、平寨、东引少部分等片区构成了千户苗寨的主体景致。所以这些片区的任何改变，特别是建筑等景区外部形象的改变都被禁止，这会破坏西江的风景原貌。相对地，南贵所在的位置正好是作为观景的地方，所以大量的新建农家乐都聚集于此。对于西江聚族而居的情况来讲，位于主风景区的家族，在分家起房子的时候就被禁止，从而延缓了分家的进程。如今，西江的地基越来越少，位于风景区的人家即使拥有地基也不能起房子。同时，

---

① 调查笔记 6：2011 年 1 月 16 日，西江南贵。李乡，男，41 岁，打工返乡后经营农家乐。

西江旅游业的发展促使西江由一个聚居区转变为一种纯粹的风景区，表现之一就是地皮的转让，目前一些公共机构的地皮已经开始着手置换，如卫生院、中学等，随着这些机构的外移，西江居民也会面临一种外迁，事实上已经有一次失败的外迁谈判。如上所述，这些都会影响西江家族聚居的形态，从而将西江家族推向一个临界状态。

> 如果家里房子够住了就不起了，不够住就还是要起。现在建房子要有地基的，没地基就建不了。如果现在再往上面的山上建房子，就会破坏整个寨子的景观，现在斜看像姑娘的铁头饰——牛角。[1]

毛的话引出了如今西江的一个重要的问题，房子。如果房子够住了就不要起了，那不够住的家庭还是要起房子。但是很多家庭没有地基。毛在南贵还好一些，有地基的还可以建房，正在建的就有四处，因为南贵位于西江风景构图的对面。而羊排、东引是构成西江风景画的两个主体山头，那里的人有地基也不能盖，盖了就破坏了西江的整体效果了。而没有地基的人更是头疼。由于经济条件限制，西江人起房子往往不是一次性完工的。一年搞一点，几年将房子完工。另外，在东引，政府曾经想把一部分需要地基来解决住房问题的家庭放在周边的山上。但是由于没有和那边的地主达成田土的征用补偿协议，所以不了了之。从住房到用地，政府已经在开发的时候将沿河的地都卖掉了，现在又在打算置换乡镇卫生院的地和中学的地。

> 之前还有游客来说想租我的房子，我说你租去了，我们不知道要去哪里住了，只能租两间给他们。他们租也是为做生意的。小孩也不同意租，说租去了我们以后带同学来就没地方住了，我们不好意思，

---

[1]　调查笔记39、39-1：2011年1月25日、2月5日，西江南贵。毛江，男，35岁，打工返乡后经营农家乐。

现在钱你们找一点就行了，等我们毕业了，就可以去找钱了。我们家地基就在这，我们家还有很远的山地，在那起房子虽然便宜点，因为木料可以直接砍了用了，但没什么意思，太远了，就一家，水、电也难通。①

李说的重点是家里小孩反对出租老房子，而且出租了房子自己没有地方住，即使有地方也不方便。这里同时反映了另外一个问题：靠近街区的房子问题。有一个矛盾，住在街道附近的家庭没有资金做生意，然而租又面临尴尬。当地人都想把游客往山上赶，但是，这首先要靠山上的铺面开发。而实现市场从山下到山上的渐进式延伸。而铺面与住房的矛盾解决不了。这本质上是旅游与当地人争夺生存空间的问题。外地旅游景区的经验表明，一旦旅游搞起来了，景区的原住民就会被"赶"出去。毕竟游客逛街并不是走家串户去的，而是需要商品化的市场、街道、铺面、消费品，这才有吸引力。

（三）功能替代还是转化？西江的消防与春节

如果从家族的功能方面考虑，我们能够更直接地发现西江苗寨家族的矛盾处境。已有的研究表明，家族在现代化的进程中往往在功能上被替代，实际上的确如此，诸如社会控制、教育、管理、政治等社会功能已经被现代社会制度所替代，在西江苗寨也是如此，例如家族的社会控制功能（"扫寨"强化消防意识）已经被西江消防站、村委会消防检查以及具体的消防设施建设所代替。

之所以如此强调消防是因为西江苗寨基本都是木结构建筑，发生火灾的可能性比较大，而且苗寨的木质吊脚楼鳞次栉比，一旦发生火灾后

---

① 调查笔记 2、58：2011 年 1 月 15 日、2 月 5 日，西江羊排。李斗，男，45 岁，打工返乡后务农兼做零工（建筑）。

果不堪设想。西江历史上就发生过重大的火灾，甚至整个村寨都化为灰烬。所以消防对于西江苗寨来说至关重要，而家族在预防、惩罚火灾事故方面曾经发挥重要作用，"扫寨"即是这种惩罚、警示的仪式设置。从仪式方面看，"扫寨"具有宗教性，它属于自然村寨范围内的集体活动，一旦发生火灾，全寨上下都要在算好的某一天停止生火做饭，并聚集在野外就餐，寨老成为活动的组织者，而仪式则由鬼师操作。在西江一个自然村寨往往由几个家族组成，例如东引片区主要由宋、董、杨三姓家族组成，他们构成一种地缘性质的家族集合体来共同抵御火灾的风险。

这种家族功能已经被现代消防设施所取代，但是还有些功能过去西江家族是没有的，比如过春节，对于西江苗民来说春节是汉族的节日，他们一般只过苗年，当然苗年是家族活动的重要时刻，鼓藏节即是13年一次的特殊苗年。随着西江社会经济的发展，人们开始过春节，家族（特别是房族）则承担起过春节的社会功能，他们的春节实际上是对苗年的复制（但是也考虑每个家族的经济条件），主要是杀猪吃"鼓藏肉"（包括内脏）并给亲戚抬猪肉（苗年是抬猪腿）。总之，西江苗寨的家族一方面承担的社会功能在减少（如消防），同时承担的新的功能在增加（另外如西江苗寨旅游业中的家族企业、鼓藏节成为西江旅游的品牌商品等），这些充分体现了家族的矛盾性。

宋大哥是西江文化站的负责人。那天正赶上他家杀猪过春节。本来西江人不过春节，按照他们自己的说法，现在生活条件好了，近两三年也开始过春节了。有的人家过春节就杀鸡煮稀饭，做点鱼冻，搞个猪肉火锅。有的家杀猪。杀猪能代表这一家的经济。我们遇到两家杀猪的，他们在春节前几天杀猪，然后请房族兄弟、亲戚朋友来吃，吃的都是猪内脏和"仓门肉"。之后主人家将猪肉分给来的每家每户，但我们在宋家看到的是论斤算钱的。杀猪的人家留一些猪肉春节吃。当天在宋家里主要的客人是他同族的两个长辈以及他们的家人。[①]

四、家族与现代化的问题

家族的外部视角与日常生活视角研究表明，西江苗寨的家族未变却遭遇"语境"的殖民，这些语境包括市场经济条件下人们在家族活动中所体会到的经济压力，政府主导的旅游产业对西江苗寨族居的影响，以及新时期家族社会功能的增减。

西江苗寨特殊的家族形式在现代化进程中实现社会继替。换言之，西江苗寨的家族会进行"创造的转化"，手机新技术家族就是一例，而西江家族所经历的处境意味着未来变迁的不确定性或矛盾性。

对于西江家族内部而言，以手机为工具的新家族网络的形成是在内聚家族的稳定性，但是家族外部环境的变化是在同这种内聚进行拉锯。家族与现代化的研究（主要是对汉族的研究）认为，"复兴"的家族终究会"瓦解"于现代化的洪流之中，在这样的总判断下，家族能够产生一些新的形式并发挥一定的积极作用，同时我们也应该引导家族的发展从而避免其消极的影响。在家族的新形式中，研究者看到了家族的理性化[②]、家族群体的公民化[③]，同时也有学者认为家族作为我国纵式社会的延续性的表达，它会产生创造的转化而实现一种社会继替。

学界对于家族变迁的判断说明家族与现代化的关系犹如宗教与现代化的关系，即一种矛盾性的运动过程。家族在理论上必定瓦解，但是现实的

---

① 调查笔记 55：2011 年 1 月 30 日，西江东引。宋文，男，40 岁，文化站工作人员。

② 唐军：《仪式性的消减与事件性的加强——当代华北村落家族生长的理性化》，《中国社会科学》2000 年第 6 期。

③ 王朔柏、陈意新：《从血缘群到公民化：共和国时代安徽农村宗族变迁研究》，《中国社会科学》2004 年第 1 期。

情况是这种瓦解成为一种极限，人们可以望见并无限靠近却不能到达，所以从这方面来说学界的一种观点认为没有家族的"复兴"（换言之家族未曾消亡过）也具有合理性。

同样家族在现代化的过程中不断地更新，犹如《银翅》中所描述的那样①。对某一个家族的衍变研究认为，时势的更迭纵然形塑着某个家族的命运，但是一个家族的兴衰或消失主要源于"传统"，这一传统有可能是传统商人重利的价值观，有可能是家族后代对传统人生出路的依赖②。我们从一个具体的家族衍变中可以发现作为一种社会组织的家族（制度）在现代化中的境况，即时势的变迁与"传统"的路径依赖共同作用于家族（制度），这是一种矛盾性。

生活世界的殖民化（colonization of the life-world）表达一种现代社会发展的悖论：个人自主性遭遇系统（组织）的约束，这种殖民化形象地概括了现代市场机制与国家组织对个人家庭所代表的私人领域和大众传媒所代表的公共领域的"侵蚀"。这个概念准确地把握了西方社会的发展，对于我们的个案研究来说，它也能形象地总结西江苗寨的家族与其语境间的关系。这是一种市场、政府不断地参与、利用、更新地方家族（制度）的过程，从家族到鼓社都能被拿来作为一种文化商品以吸引游客的眼球，家族在这种良好的氛围内不断地内聚强化，但是旅游业的发展势必与家族展开竞争，至少是空间的竞争。学者们很早就在我国西南民族地区研究住俗与父系大家族的关系问题③，如今西江苗寨的族居面临旅游业的考验，至少现在人们已经开始感受到住房的紧张及家

① 庄孔韶：《银翅：中国的地方社会与文化变迁》，生活·读书·新知三联书店 2000 年版。

② 易惠莉：《从沙船业主到官绅和文化人——近代上海本邑绅商家族史衍变的个案研究》，《学术月刊》2005 年第 4 期。

③ 林耀华、庄孔韶：《父系家族公社形态研究》，青海人民出版社 1984 年版，第 151—182 页。

族聚居的困难，当然这只是家族内聚的挑战之一。如上所述，关于西江苗寨家族变迁的结论也具有矛盾性，我们既不能说家族复兴并且凝聚力加强，也不能说家族在逐渐地瓦解，而是一种双向反作用力的不断推拉。

第五章 社会交往及其分化

手机与社交密不可分。首先手机用于社交与职业有关，各行各业的信息沟通高度依赖手机，手机号码联接着管理者与员工、营销与客户。随着技术的不断升级，社交媒体被植入手机，诸如微博、网络论坛、媒体网络版，人们可以利用手机进行更加广泛、密切的交流，于是手机与社交生成了新的结构，人们根据数字社群的特点进行网络营销，在手机社交媒体上聚集人气，推广各项业务，将传统工具型的手机转变为可以开发市场的场域。此时，手机号码已经转入个人隐私范畴，手机社交媒体账号成为一种个人身份的象征。于是，个人微信账号、微博账号，特别是所谓"大V"，均是网络时代最具影响力的代表。所以手机社交呈现出更为深远的影响，其特殊性在于数字社群的舆论力、承载力和创造力惊人。

社会交往是社会人的一项基本需求。手机促使社会交往向更广范围和更深领域延伸，将社会交往置于政治、经济、文化、社会各个层面，特别是经济事务之中。但是，今天我们可能深刻感受到经济利益不断侵蚀着社会交往的基本面，人与人之间的信任、关心、互助、情感等均被淡化，一条"谣言"就能够轻而易举地得到传播，要么是为了某个产品营销，要么是为了利用人们的同情心，要么是进行恶性竞争，……导致社会交往逐渐脱离正常轨道，失去耐心、情感、内涵、真诚，留下的只是娱乐、算计、冷漠、虚伪。社会交往是社会运行过程中的一项重要指标，在社会转型期熟人社会逐步消散和陌生社会的步步逼近，使得人们普遍产生一种焦虑感，社交焦虑。所以，手机才一度被认为是"手雷"，它背后的社会交往给人以一种压力，现在还有很多人想逃离手机，逃离手机给他们带来的社会交往压力。

社会交往属于一种"社会行动"，社会学对于交往的研究基于结构理论的视野，例如彼德·M. 布劳（Peter Michael Blau）提出的"接近性"假设理论，以及新经济社会学家马克·格兰诺维特（Mark Granovetter）的关系强度理论。前者将社会交往看作是一种社会交换，后者将社会交往看作一种关系。① 已有社会交往研究包括交往格局研究②，将社会交往看作一种关系，在亲缘、地缘和业缘关系中探讨交往的格局，研究表明在熟人—陌生的视角下，乡村的交往关系主要在亲缘和地缘范围内，这种交往格局下的乡村是一种熟人社会、弱熟人社会③。

关于社会交往与社会分层的研究认为，社会交往在一定程度上反映了社会分层状况，同时社会分层或分化也影响着人们的社会交往。

社区概念作为社会学的一个基本概念，按照通常的理解，是指具有共同地域，有较深入的社会交往关系和具有一定共同体意识的居民共同体。如果不能形成有效的社区交往行动，就形成不了共同的利益，没有共同的利益就没有公共事务，居民对社区的参与度就会很低，人们自然不会去关注社区的事情，也就不会有社区建设的愿望，社区的基础也处于分离之中，社区和谐更是无从谈起。

居住空间的分化不仅是阶层分化的一个缩影，更是"断裂社会"

---

① 刘精明、李路路：《阶层化：居住空间、生活方式、社会交往与阶层认同——我国城镇社会阶层化问题的实证研究》，《社会学研究》2005年第3期。
② 顾炜程、朱娇娇：《社会转型中农村的传播媒介与观念变迁、交往格局的关系研究——以青浦农村家庭调查为例》，《新闻大学》2007年第2期。
③ 苟天来、左停：《从熟人社会到弱熟人社会来自皖西山区村落人际交往关系的社会网络分析》，《社会》2009年第1期。

的一个象征。作为阶层分化的结果必然涉及到既有居住资源如何合理分配的问题，因而居住社区的可持续发展目标就可以转化为社区资源合理配置问题。居住社区的发展应在公正与效率兼顾之中权衡更为合理的运作方式。从追求效率角度看，富人选择高档居住区，穷人选择低档居住区无疑有利于资源最优化配置。但当这种选择模式损害了社区其他居住成员利益时，就是不公正的和有失长远效率的。尤其是通过"门禁"和"围合"的方式形成居住区空间上隔离和交往行动上隔绝，由此导致的潜在性冲突所要付出的社会成本可能使其效率为零甚至是负数。①

以手机为媒介的社会交往也随分层的不同而有所差异。

手机在全球特别是在发展中国家的急速扩散，引起了很多研究者对"数码沟"的重新思考。有研究者认为手机对社会影响的潜力已经找不到现有的词语来表达，由此生造出 Apparatgeist 一词表达手机的"时代精神"：不仅影响技术的设计，同时也深深影响那些使用者、不使用者及抵制者。当手机用户的数量逐渐向全球人口数迈进的时候，"用户"和"非用户"之间的鸿沟似乎有望填平。从我们对 2009 年上海居民的调查数据来看，在手机普及过程当中，使用与否的"数码沟"仍然存在，老年人、低收入者、无工作等社会经济地位低的人在手机接入（access）上处于劣势。

手机功能日益趋同也日趋丰富，手机所能提供的技术可能性在各个国家或文化中并无明显差异。我们的分析结果显示，即便在手机接入上的"数码沟"会随着手机的进一步普及而被填平，手机功能的使用方面的不平等并不会随之消失，社会经济地位高的人群处于更充

---

① 李远行、陈俊峰：《城市居住空间分化与社区交往——基于南京市东山新区个案的实证研究》，《开放时代》2007 年第 4 期。

分利用手机资源的优势地位。也就是说，新传媒技术的普及不仅再生已有的社会经济地位的不平等，而且为这种不平等增添了新的相面。

手机的出现给人们提供了一个与外部世界互动的新工具，并为整合社会交往网络提供了新的选择。但是，我们的结果显示，经由手机展开的社会交往在不同的人群中存在显著的差异，而这些差异具有社会结构的根源。也就是说，作为交往资源的手机在交往的类型和内容上也体现出一种不平等。这些差异的背后，一方面显示了个人社会网络的规模和结构，另一方面也显示了个人从社会交往中获取社会资本的几率和品质。在 Apparatgeist 时代，手机似乎为个人在社会网络和交往形态的突破提供一线生机，也似乎为个人社会资本的产生开创了一个新的渠道，但手机仅仅提供了一种有局限的可能性。使用手机所演示和成就的，依然是人们受社会结构所制约的并构成这一结构的社会交往网络。①

关于社会交往之中的信任研究②表明，人际信任通过一定的"交往艺术"③ 达到系统信任的目标。

人口流动④、性别、年龄、收入、文化程度、政治面貌等因素都对乡村交往产生一定影响⑤；交往法则的变迁⑥表明，在当代中国社会，熟人间的人情往来除了道德义务性的"礼尚往来"和部分情感意愿外，主要

---

① 楚亚杰：《社会交往与手机使用：上海受众手机使用的实证研究》，《新闻大学》2010 年第 2 期。

② 张云武：《不同规模地区居民的人际信任与社会交往》，《社会学研究》2009 年第 4 期。

③ 余晓燕：《HIV／AIDS 防治中的医患交往艺术——一个景颇村寨中的信任表达》，《开放时代》2010 年第 3 期。

④ 孔海娥：《消失的"姐妹情"：流动对农村女性交往的影响》，《中南民族大学学报（人文社会科学版）》2009 年第 3 期。

⑤ 胡荣：《影响村民社会交往的因素分析》，《厦门大学学报（哲学社会科学版）》2005 年第 2 期。

⑥ 鲁小彬：《当代中国熟人间的人际交往——对人际信任和交往法则变迁的探讨》，《中南民族大学学报（人文社会科学版）》2006 年第 1 期。

是互惠的理性计算。

阎云翔提出人情伦理的三个结构因素"理性计算、道德义务和情感联系"①，在乡村社会交往的研究中，熟人—陌生社会关系的架构充分体现在熟人社会的探讨之中，而人情伦理强调的是交换以及交换之外的情感。人情伦理的结构因素之间的不同组合反映了乡村社会交往格局的变迁。

在西江苗寨，打工潮和旅游业促成了熟人社会与陌生社会的并行不悖。在打工潮之前的西江，以土地耕作为中心的社会交往主要是一种情感联系，这种情感联系中的家族交往（红白喜事）带有理性计算的成份，而日常交往则含有道德义务。打工潮造成了西江苗寨社会交往的主体缺失，而旅游业的兴起使得苗民间的交往转向以职业为中心，这些新兴职业要求社会交往以理性计算为主，而通过"交往艺术"的概念，我们表达了西江社会交往从理性计算向情感联系的转化直至二者结合，其中手机作为一种交往工具，在西江苗寨的这种职业交往中扮演重要角色。同时，在熟人—陌生社会的框架内，西江苗寨分化为内部熟人社会交往与外部陌生社会交往，山上—山下象征性地表达了这种交往的空间分化。

一、情感联系：围绕土地的社会交往

在打工潮出现之前的西江苗寨，人们的社会交往主要是亲缘和地缘的关系交往，人们大多数的来往对象是亲戚朋友。亲戚主要包括家族、姻亲，朋友主要是一些同辈群体。这种社会交往的形式分为农忙和农闲两种，前者主要是红白喜事的交往，特别是丧礼上的社会交往；后者主要包

---

① 阎云翔：《礼物的流动——一个中国村庄中的互惠原则与社会网络》，上海人民出版社2000年版，第141—142页。

括日常同辈群体交往，例如串门、摆龙门阵，还有过年过节、红白喜事的交往，特别是婚礼上的社会交往。这些社会交往的目标主要在于维系人们之间的情感联系，当然也含有道德义务和理性计算。换言之，这是一种以情感联系为中轴的社会交往形式。而人们的交往受到土地耕作的影响，从时间的角度考虑，除了丧礼之外，人们把大多数的交往活动安排在农闲时间，包括日常生活交往、过年过节的交往以及家族礼仪上的交往，在农忙的时候除了丧礼、日常邻里交往之外，人们很少安排交往活动。总之打工潮之前的西江社会交往是以情感联系为基础的围绕土地的交往。

西江苗寨年纪较大的人还能回忆起以往以农业生产为中心安排社会交往的情景，虽然随着社会变迁，人们的交往已经转向其他方面，但是这种以情感联系为中轴的交往仍然是西江苗民生活的重要组成部分，特别是逢年过节、婚丧嫁娶等家族式交往，这些交往一方面体现互助，另一方面更重要的是加强家族凝聚力。

老百姓之间的来往也没多大改变，不过走村串寨的不多，家家都有电视，也不怎么出去了。现在也就自家亲戚朋友，到逢年过节时走一走，哪家有客人又聚在一起，红白喜事也聚。冬天就是喝酒。平时也都各有各忙的。现在坡上冷冷清清的，没什么人了，以前唱歌的、砍柴的、种地的，很热闹。①

今年下雪比较多，从十一月份到现在，出去坡上做事很少，往年没时间在家，天天上坡了，砍柴、打草啊。一般十月份闲些，到二三月份开始忙了，天天在坡上。四月份把秧子下田后，犁田、抬粪，五月份插秧，施肥、除草，九月份收谷子、红薯，十月份过年了。这期间家家都各忙各的，红白喜事聚在一起。平时串门少的。十月以后串

---

① 调查笔记51：2011年1月29日，西江东引。李玉，男，72岁，教育站退休工作人员。

门摆龙门阵的多点，冬天的时候。①

寨子里上上下下，东引就是兄弟，跟平寨、南贵、羊排就是老表，可以开亲。现在四个片区的人都认识，除了很小的不认识，长辈平辈都认识。平时串门也多的，随便去哪一家都有酒喝的。不像汉族，门对门都不认识，除非是同单位啊，工作啊才认识，才问问。②

打工潮的兴起带来了社会交往主体的缺失，如今西江旅游业的发展吸引了不少返乡者，对于以情感联系为中心的日常交往，他们感觉这种交往的空间越来越小，其中外出打工是一个重要的影响因素。

现在都出去了，在这哪有人跟人接触啊，同一年龄的，都叫出去一起干活了。我回来后又有很多人都出去了，哪有熟人接触啊。长辈还认识，像我女儿这么大的小孩，一百米以内都认不清是谁。以前在家，他们上学从门口走来走去，还知道是谁家的孩子。现在都大了，面相变了，也都出去打工了，都不认识了。平时也就亲戚朋友过年过节接触比较多，如果他们不在打工，接触多些，像我这几天在家没事，我急的也就去堂哥家串门，聊聊天。③

从外面回来以后接触多的都是亲戚朋友啊，朋友也多出去了，过年才回来。在家真的无聊，亲戚大部分时间也不来，有事才接触的，没事也就没有。西江这四个片区也都是挂钩的亲戚，哪里有什么红白喜事，都去了。平时各做各的事，业余就晚上有点时间，邻居随便乱串，喝酒聊天。④

平时也没有什么走动的，就娘家、婆家，朋友也很少，就邻居那

---

① 调查笔记54：2011年1月30日，西江东引。宋州开，男，64岁，务农。
② 调查笔记47：2011年1月28日，西江东引。宋书民，男，48岁，打工临时返乡。
③ 调查笔记26：2011年1月22日，西江平寨。宋晓学，男，47岁，打工返乡后务农。
④ 调查笔记48：2011年1月28日，西江东引。董马良，男，38岁，打工返乡后务农兼从事马帮。

些，也是同一个家族的人。平时来往多的，就比较亲一些了。比较远的都是做很大事了才叫他们，小事就叫比较亲的人。我娘家的寨子是我从小长大的，人基本都认识，年纪大的、同年的都认识，除非是我出去以后出生的那些。别的寨子的不太认识了，年纪大的也不太认识，同年的认识一些，知道是哪个寨子的，小的不认识。[①]

西江苗寨的旅游开发是继打工潮之后西江社会变迁的又一重要方面，如上所述，一些外出打工者陆续返乡，他们不仅参与了开发建设，而且利用打工带来的技术，特别是建筑方面的技术，从事一些新兴职业，围绕职业的社会交往即成为一种新的社会交往方式，他们利用手机联系业务并且将一种业缘交往转变为带有情感色彩的日常交往，在这样的交往中，工作信息、情感联系等得以获取。

二、手机与职业的多元化

（一）旅游开发与职业多元化

西江苗寨的旅游开发一方面将西江由一个苗族村寨变为旅游景区，另一方面旅游开发的基础设施建设给西江人提供了工作机会，例如建筑业、房屋装修、运输等行业，这些职业在开发结束后仍然继续存在，而且工价飙升使得这些职业成为一些人的日常生活经济来源之一。

返乡碰巧赶上西江苗寨旅游开发的人回忆了当时到处都有活干的情景：

2007 年家里打电话说上面那条西江到凯里的油路搞好了。到2008 年四五月吧，清明扫墓时，家里说让回来一下祭我家老祖公，

① 调查笔记 46：2011 年 1 月 27 日，西江东引。宋易敏，女，31 岁，打工返乡后务农兼餐饮业。

我爷爷去世的最后一个大祭祀。我就回来了。那时这里在拆、建房子，修路啊，最大的工头是黔东南州建筑公司，雷山的建筑公司，二包工是外地的老板，具体工作的是本地人，还有恰巧回到家的年轻一些的人。包括泥土工、会搞钢筋的、有技术的建筑工。二包来找，我们就说一天一个工多少钱，我就去找人来，我们在外打工也有经验的，要求他十五天发一次工资，怕他跑了。路又拆又建，农民房子包木板、路上铺鹅卵石、护栏这些都是旅发大会前几个月突击完成的。整个寨子哪里都有工作的。我刚去也是做小工的，两个师傅带我一个月后，他们就到别处工资更高的地方去了。那两个师傅是在家的有技术的。那时干活的四五十岁的当时在家做技术工的多些，还有像我这样恰巧回来的。旅发大会后不能盖砖房了，起了要拿木板包装。当时的活路就是迎接旅发大会的建设，街上街下都是人，家家户户都在外搞这个，一车车大石头、鹅卵石往这拉，晚上十二点都在工作。①

旅游开发带来了装修行业的兴盛，后来这些人一直从事装修业。

我回到家三四年了，2007年回来的，没做什么生意，在这边做装修了。反正家家户户都在做房子，一般全是私人的装。原来这里街上全是私人的，后来公家把老百姓赶出去了，不让在田里起房子。公家是自己的装修队，我们是几个人，这里人不喜欢外面人来装的，他们不懂我们这的装法。我回来时正赶上政府拆迁，那时做木工的都搞不过来，老百姓的房子不让建那里，又让迁到别处。以前这里起房子起多高，政府是不管的，后来旅发大会，就不能随便搞了。②

① 调查笔记 39、39-1：2011 年 1 月 25 日、2 月 5 日，西江南贵。毛江，男，35 岁，打工返乡后经营农家乐。

② 调查笔记 57：2011 年 2 月 1 日，西江羊排。杨开县，男，42 岁，打工返乡后从事建筑装潢。

而与旅游业相关的职业，例如餐饮、住宿、出行、娱乐、旅游纪念品销售等服务业，也给一些西江人带来工作机会。另外旅游公司为西江人提供了诸如检票员、观光车司机、消防员、环卫工等工作机会。

> 2007年这里就开始搞建设了，我是2008年六月份回来的，我想把房子搞一下才回来的。我跟他们去搞那个观众席，世博林那里，工资比外面还高，现在我们也去他们家里搞房子。建设刚开始搞那个河边道，一开始搞的不行又重搞了。凯里到西江的路是2008年左右搞的。旅发大会对我们来说最实在的是路好了。旅发大会后回来的人多了，每个人都想办法搞点小生意，什么都有。刚开发时回来的人不多。2009年以后看到人家搞了，回来的人多了。我们这里建设的也多了，工作多了，经营一些小摊、清洁工、守寨门的、建筑工、消防的、搞夜市、搞小吃的那些人多了。①

> 这几年我们都在家里，他们各有各的路子。我大哥搞那个麻将馆，二哥旅发大会后回来了，在雷山、西江这边发展本行，做苗族工艺品、铜鼓。老三也在搞一个麻将馆，最小的在博物馆当保安。现在我们这里工资也跟外面差不多的，一个月一千块以上的。在外面你出去了，去不久家里有事了，你又回来，来来去去花销也不少。在外面什么都要买，也攒不了多少钱。后来想还是不去了，搞点小生意就行了。②

但是，从事这些职业的西江人大多数是中年人，年轻人则更多地选择外出打工，同时与旅游业相关的这些职业也吸引了不少外地人来到西江，他们与西江本地人展开竞争。

---

① 调查笔记40：2011年1月26日，西江南贵。毛交夏，男，37岁，打工返乡后从事建筑业。

② 调查笔记29：2011年1月23日，西江平寨。侯村，男，37岁，打工返乡后从事马帮。

开过旅发大会后回来的人也有，但还是有出去。我孩子回来，也因为我们两个老了，不想他们出去了。现在年轻人还是出去的多，在家的也就耕田、插秧、喂牛、猪啊，也没别的事。在农家乐干活要游客多才行，起房子也没多少活路，都是外面来的搞的。下面做生意的也多是外面周边的人来，我们西江过去有四五个银匠，现在都死了，西江没有银匠了，都是外面周边的人来搞的。①

（二）用手机联系业务

1. 马帮

由于西江苗寨四个片区的人都生活在沿河的山上，所以无论是日常生活物资运输还是建筑工程材料的运输都靠人挑马驮，从旅游开发时期产生的马帮一直延续到现在，拉马的人每天的工价在 80—100 元不等，如果是包工每天工价甚至可以达到 200 元。旅游开发后，拉马成为一些人的零工，而手机不仅可以联系日常业务，包括周边地区的业务，而且还成为马帮成员日常交往的工具，

我现在在家又买了一匹马来，加入马帮了，做了一年了。这里马都是小个子，拉货的。买马一方面是为我家方便，另一方面也能赚点钱，人家上面起房子要拉材料啊，你拉去给他就给你钱。现在下雪了，就停了，也施不了工。一般看马好不好给价钱，我那匹马四千五百块，好的五六千呢。在家比在外面舒服些。现在我手机接的是亲戚朋友啊，特别是拉马帮的朋友，找到活路叫我去，而且我们这个做活也不局限在西江，有时出去几个月回来，打（手机）给老婆说一下。

---

① 调查笔记 53：2011 年 01 月 30 日，西江东引。宋工邦，男，70 岁，务农。

我去年都丢了两个了。去年我喝酒丢了两部手机，丢了又买，丢了又买，没手机就等于没活路了嘛。[①]

我们这里靠双手，没门面，又不能搞农家乐，我们羊排、东引交通不方便了嘛。我家现在除了务农、喂猪外，跟他们喂马，驮东西补贴一点。我们给老板做工程就钱多一点，给老百姓做就钱少一点。现在做工男的60块每天，女的50块每天，工资提高了。我用手机是开始喂马时就用了，四年了，要联系活路。平时给马帮、老板、亲戚朋友联系，找来喝酒啊。[②]

2. 农家乐与职业交往

随着旅游开发，西江苗寨吸引农民工返乡加入到旅游相关的吃、住、行、娱、购等行业中，使得西江非农职业多元化，例如开办农家乐，出售旅游纪念品，做饮食，发展娱乐场所等，旅游开发的同时带动相关行业的发展，比如建筑业，另外旅游公司也提供工作岗位，比如环卫工、检票员、导游解说员、旅游观光车司机等。其中农家乐在最近三年里发展迅速，作为一种新的产业或非农职业，农家乐给苗民带来可观利润的同时也产生了对手机的需求，毕竟商机第一。

做生意做农家乐才有的客户电话最多，亲戚朋友也有电话啊，手机支出多。我每个月基本上一百多块。（用手机）接触只能在朋友、同行（之间），比如我熟悉一个工地，知道哪里有一个工程，第一个考虑就是我们的熟人。以前去热闹的场合认识熟悉的人，现在需要接触这样的人就相处这些人。（比如）我一直搞农务，社会接触的人就比较少，人都不认识。比如你会开车，也是一个认识一个，一帮人大

---

① 调查笔记29：2011年1月23日，西江平寨。侯村，男，37岁，打工返乡后从事马帮。
② 调查笔记44：2011年1月27日，西江东引。宋图，男，54岁，务农兼从事马帮。

家相互介绍。啥东西都不会，几乎没有朋友，除了亲戚就没有什么了。①

3. 跑运输

同样在行的方面，西江旅游业给苗民也带来了商机，包车业务随着游客的增多也不断攀升，西江内外的客货运输显得格外重要。

一开始我去买摩托车跑的，后来有三轮车，后来又贷款跑面包车了，现在西江镇有 60 辆了。旅发大会以后，这边才开始搞面包车的。拉货的车也多，主要拉菜，现在菜场的菜都是从凯里拉来的，还有百货、啤酒、水泥、砖、沙。小货车十多个，大卡车两三个。跑车的手机最重要了，没手机无法联系，有时两点钟，人家一叫就起了。②

三、上下有别：以职业为中心的
社会交往及其分化

旅游开发与西江苗寨职业的多元化使得社会交往从以土地耕作为中心的时间交往转变为以职业为中心的空间交往，这种空间分化可以用山上—山下这一形象化的区分来表征，在交往空间上来说，在职业方面，山上主要是从事务农加零工的工作模式，零工主要是旅游开发时期产生的如建筑、室内装修、运输等行业，山下主要包括与旅游业相关的行业，山下也包括与西江苗寨主体景区相对的南贵片区，这个片区不分山上山下大部分

① 调查笔记 6：2011 年 1 月 16 日，西江南贵。李乡，男，41 岁，打工返乡后经营农家乐。
② 调查笔记 35：2011 年 1 月 24 日，西江平寨。李宝新，男，26 岁，打工返乡后从事运输业。

是农家乐。而在交往格局方面，这种职业交往主要以理性计算为中心，并穿插了本地人与外地人的交往。

（一）你给我打工、我给你打工

你给我打工、我给你打工是山上社会交往的形象表达，这种交往属于熟人间的职业交往，也是西江苗寨日常生活的一种重要的社会交往形式。

> 西江这边，你给我打工，我给你打工，就是这个生活方式。2006年时西江这里还是出去打工的多，建房子也开始请人了，但工价特别低，一天十几二十块钱。当时西江四十五岁以下的大都去打工了，一般都是两个老人带孩子在。我爸妈那时就很辛苦，有时农活太多，我们就从广东打点钱回来，让他们请人做活，那时就有这些活路了。①

随着如今旅游业的兴起，职业的多元化使得这种交往方式更加频繁。

> 打工给西江带来的变化，从劳动力减少的角度，开始是建房子、务农，后来是开发，再后来是旅游。所以出现了你给我打工，我给你打工的情况。一个例子，春节刚过，初一开始，西江的天气转好，游客猛增。粉店的老板娘陆大婶就请了两个东引的大婶来帮忙。一人每天50块。做了五天，付了500块。老板娘抱怨他的丈夫说，他一天到晚只知道喝酒，也不帮我，帮我的话这500块钱不就省下来了。实际上，他的丈夫一直在忙活，真正的原因是人手实在不够。她是二婚，丈夫的儿子前年去世了，女儿出嫁了，她自己的儿子去年结婚、生子，这使得她把积蓄全部花完了，又贷款还账。目前粉店的生意不错，但是还要还贷款，她的生活难在了一个钱字上。在西江的儿子又

---

① 调查笔记39、39-1：2011年1月25日、2月5日，西江南贵。毛江，男，35岁，打工返乡后经营农家乐。

在忙活他的饭店，其他的小孩都不在家，所以不得不请人来帮忙度过春节黄金周的"难关"。而其中来帮忙的一个大婶，她的两个儿子都在西江，一个在开小卖铺，一个在农家乐做大厨，她和丈夫在家带孙子。她冬闲可以打工赚钱。①

（二）井水不犯河水

井水不犯河水表达了西江苗寨山上与山下、本地人与外地人之间的交往隔离的状态。当然，这种表达并不意味着本地人与外地人全然隔绝的交往状态，例如本地人与外地人的租赁关系及其关系下的交往依然存在，但是诸如此类的交往只是少部分本地人与外地人之间的浅层交往，

现在街上铺面多是外地人的（开的），现在生意不好，他们关门烤火了。外地人出的租金比本地人高。有生意了就开门。外地做生意的与我们来往比较少，互相不认识的。②

下面做生意的，都是外面的人来搞的，或者租出去的。下面做生意的人跟西江百姓平常接触来往不多，井水不犯河水。③

平时来往的人是本寨的多。下面那些搞旅游生意的年轻人都聚在一起打牌、打麻将那些的，我们老的不感兴趣，来往少。这里在家的都是五十以上的，年轻人都不在家了。我在家的两个儿子接触多的也是本寨里同辈那些人。到下面去摆龙门阵那些人都是想钻进去的，赚钱的，问问里面门道啊。做农活的人就不想跟他们摆了，也摆不到一块去。④

---

① 实地调查笔记。陆大婶，49 岁。

② 调查笔记 5、12：2011 年 1 月 16、18 日，西江羊排。李单，男，37 岁，打工返乡后务农。

③ 调查笔记 51：2011 年 1 月 29 日，西江东引。李玉，男，72 岁，教育站退休工作人员。

④ 调查笔记 54：2011 年 1 月 30 日，西江东引。宋州开，男，64 岁，务农。

（三）特例：被熟人交往推出去的人

我们从下面的特例中可以发现，首先，西江苗寨的山上交往：熟人交往或本地人交往已经向理性计算的方向转向，这种理性计算主要与职业多元化有关，这种交往虽然不失道德和情感的成分，但是交往双方主要考虑的是利益计算，所以这一特例的主人公才会被内部人推出去而缺乏情感与道德的考量。其次，井水不犯河水式的本地人与外地人的交往状态（当然这种交往状态只能说是一种极为浅层的交往，不能看成是一种截然绝对的不交往）可以从以下特例中体现，外地人并不知道该例的主人公本身的情况，相对地这在本地人之中已经成为公开的秘密，被内部人推出去的交往仍然在缺乏信息沟通的本地人与外地人之间畅行无阻。最后，特例告诉我们西江苗寨社会交往分化的整体情况，即能够感觉到的陌生社会的存在。

陆大哥在平寨出生，他是中专毕业后到乡村小学教书，后来到贵阳的省教育学院升本科的，1998 年本科毕业回到原乡村小学教书。小学是在偏远的山区。后来另外的报道人也讲到了当时陆老师的情况，回忆当时他与陆老师在偏远山村小学共事时的情景。

陆老师比较要强，一开始工作压力就比较大，后来心理状况不太好，有那种抑郁的表现。正好西江中学那时的校长是本地方的，校长同时也是照顾他的情绪，毕竟是一个寨子的。陆老师家就托托关系把他调回西江了。在这中间，陆的妻子出现精神方面的问题，同时家庭矛盾、家族矛盾也显现出来，这导致陆的心理压力更大。直至陆也出现精神方面的问题。陆的情况是间歇性的，只要外界压力大了，他的毛病就出来了。回来西江中学，校方从安排陆上课到安排他做做杂活再到安排陆打扫卫生最后直接留薪停职。除了心理原因以外，当时在偏远山村小学的同事说，陆的情况可能是他在偏远山村的河边桥头祭桥的原因导致的，因为桥是不能随便乱祭的，只有自己家的桥才能祭，不然那些外家的桥所代表的鬼就跟着了。后来陆也请鬼师看了，鬼师说他可能在外面祭了别家的桥了。鬼师的话才引发陆同事的回忆。而陆因为钱的原因没有继续鬼师的"治疗"。①

但是，令人意想不到的是，如今陆搞了旅游公司，陆的旅游公司实际上是一种旅游中介公司，只是在一家农家乐楼下租了一间门面，主要业务包括给游客联系餐饮、住宿、购物等业务，同时给这些服务业者联系游客，从中间获得回扣，陆每天除了要照顾自己患病的妻子，就是在西江的大街小巷发名片联系"业务"，当然他只与外地生意人接洽，包括农家乐老板、餐馆老板、旅游商品店老板以及游客。全西江的本地人都知道他以及他所做的事情。只是看在眼里而已。有些人说，只要钱一花完，别人不会租给他门面的，别人只认钱，不会照顾他的。陆只是自娱自乐而已。

四、交往艺术：熟人—陌生社会的并行不悖

"交往艺术"具备如下特征，"第一，内容上，功利、情感与道德取向并存。第二，方式上，交往的有效性依赖于主体对过程的动态把握和策略应对。第三，时间上，交往以长久的关系积累为基础，并指向未来的持续交往。第四，空间上，临床环境和生活空间都可以是任意一次交往的情景"②。交往艺术的概念表达了乡村社会交往的一般特征，它从内容方面说明交往人情伦理结构间的结合关系。

---

① 调查笔记61：2011年2月7日，西江平寨。陆平化，男，40岁，教师经历今从事旅游业。

② 余晓燕：《HIV／AIDS防治中的医患交往艺术——一个景颇村寨中的信任表达》，《开放时代》2010年第3期。

在西江苗寨，社会交往由以情感联系为中心转变为以理性计算为中心，同时功利、情感与道德始终并存。交往艺术在社会交往方式方面说明交往主体应对变迁的社会情境做出的调整。在西江苗寨表现在人们由以土地耕作为中心的时间交往为主转变为以职业特别是旅游开发以后兴起的新职业为中心的空间交往为主。

另外，交往艺术在时空方面表达了乡村社会中的熟人交往的特点。在西江苗寨，无论是情感联系为基础的交往还是理性计算为基础的交往，都建基于人们之间的关系积累，这种内部人或本地人之间的熟人交往与生活空间高度重合。特别是西江苗寨的职业交往，人们的工作环境与生活空间是一体的关系，他们在日常生活中通过交往交换工作信息，联络彼此的情感，而旨在培养良好的工作关系，获得及时有效的信息。通过手机，同行交往由工作关系向情感联系转化，手机也由联系工作的信息工具转变为一种日常交往的情感纽带，这些工作关系转变为新的朋友关系。

西江苗寨的特殊性在于其社会交往的空间分化，在本地—外地人、做零工—做生意、山上—山下之间存在一种交往的隔离。这种自我隔离源于西江人的边界感，本地人与外地人缺乏深度交往，西江分化成为山上的熟人交往与山下的陌生社会交往，两者之间交往的策略根本不同，而在熟人交往内部也出现以职业为中心的交往模式，这种"你给我打工、我给你打工"的情况在一定程度上替代了以往的互助型交往。相对地，他们与外地人的交往可以用"井水不犯河水"来表达，这种交往空间的分化造成西江苗寨熟人—陌生社会的并行不悖。

熟人社会是主体"生于斯、长于斯"的社会，费孝通对熟人社会的论述表达了这种以亲密为主要特点的小规模社会的性质，但是，一个村庄内的所有人之间彼此知根知底已然成为一种超越熟人的程度，这就需要对熟人进行细分。

比如在西江苗寨，一个片区内的所有人属于一个或若干个家族，各房比邻而居，在这样一个小范围的社区内，存在家族关系、邻里关系，前者显然已经超越熟人的程度而邻里关系也超越熟的程度成为一种亲密的关系，相对地除了同辈群体关系，西江苗寨的四个片区之间存在一种比较家族关系、姻亲关系、邻里关系浅的熟人关系，对于其他片区的熟人而言，主体只能知道他是哪个片区的人，叫什么，做什么，至于交往则较少，这种只是熟的关系状态才能称为熟人关系。这种对熟人社会的理解基于小范围社区及其之间对熟人内部的细分，把熟人关系、同辈关系、邻里关系、亲属关系区分开来，而衡量这些不同程度的关系标准之一在于人们日常生活之中的社会交往状况。

西江苗寨的山上交往空间就是一种熟人社会空间。山上的大部分人涉足西江旅游业很浅，他们要么继续外出打工，这部分人就离开了西江社会交往的空间；而另一部分人主要以务农加零工的方式留在乡村，他们之间使用手机连结成为一种新的朋友关系。这种交往突破了片区限制，同时又与同辈交往有区别，他们将一种"熟人关系"转变为较之更亲密的朋友关系。

在西江的山下交往空间内形成一种相对于熟人社会的陌生社会，在"井水不犯河水"的边界区分下，本地人严格按照理性计算的原则与外地人交往，这种交往以金钱为标准，在商品交换的逻辑下展开。

西江苗寨上下有别的这种社会交往空间的分化使得西江苗寨熟人社会与陌生社会并行不悖，这是西江苗寨现代化进程中出现的一种转型状态，随着现代化的加速，两种社会运行状态是否会相互影响而朝着一方转向仍然留待观察。

第六章 爱情与"公共—私人"生活的变迁

　　青年们调侃谈情说爱，要么是和人谈对象，要么是和手机谈对象。远距离爱情就不得不依靠手机，煲电话粥、密集地发短信、手机 QQ、微信、视频……。于是，这种远距离爱情被认为是和手机谈对象。当然，一切事情都是要适度的，对于同一地方的爱情双方，因为不能随时随地在一起，手机也成为一种不可或缺的密语机器，但是用手机可能会造成爱情双方的一系列误会的产生，不接电话、不回信息、没有及时回复、没有按时接听……有时，热恋中的双方会因为着迷手机而使对方认为感情变淡漠，诸如此类，手机也成为一种困扰。令人欣喜的是手机爱情的故事在不断上演，因为手机，有好感的双方能够走到一起，利用手机，可能会找到心仪的对象，真是一切皆有可能。

　　若干年前，人们谈对象是偷偷摸摸的，一则害羞，另外是因为这涉及到个人的私生活。今天，晒爱情成为一种时尚。每当你打开手机，看见QQ 空间、微博、朋友圈内各种各样的"晒"，你会忍不住在他们的照片下面评价一番，不会考虑对方，真心实意地评说或者调侃一番，因为晒爱情的人就在屏幕后面耐心地等待别人的话，不断地刷新自己手机的页面，同时得到一种满足感。现代爱情是一种展演，供人们欣赏，评头论足，爱情双方乐此不彼。所以，人们虽然说"晒得快死得快"，但爱情的过程被大家共享，关于爱情的美好、情感的交流、满足，被大家分享，而非结果。一旦终成眷属，你就会发现手机屏幕里会陆续出现婚礼场景、新生命的诞生、一家人的欢喜……可能会刷爆你的手机。爱情经由手机媒体被放大，从私人情感转变为一种公共生活中的情感分享，也部分反映了现代爱情观念的变迁。

爱情是人类永恒的话题。人文社会科学对爱情的研究主要有以下几种范式：

首先是将爱情当作一种情感研究，心理学主要从个人层面研究人类情感的生物性、非理性和心理变化；20 世纪 70—80 年代，美国社会学界出现情感社会学的分支学科，社会学对于情感的研究主要关注情感的社会根源、情感社会化和情感的社会后果。

学者们着重从三个方面对情感做了系统的社会学研究。第一，情感的社会根源。社会学家不把情感视作一种纯粹的生理现象，他们认为表面看似过分私密与内心化的情感可能会受到社会结构因素和文化规范的形塑。第二，情感的社会化。人类在社会化的过程中习得了情感知识、获得了情感能力，并且这种知识与能力根据个体所处的社会位置的不同而呈现出差异和分化。第三，情感的社会后果。某些类型的情感会调节和控制人们的行动，从而对社会控制与群体团结产生影响。情感在社会生活中的作用说明，要对社会行为作完整的理解，仅局限于理性行动是不充分的。

众多社会学家的研究表明，情感不是简单的、个体的生理机体现象，它还受到诸如文化规范、社会结构等宏观因素的制约；同样，对情感的管理与控制也不仅仅是个人互动意义上的，它还可能影响到社会控制与社会团结。情感与理性不是对立的，对情感的控制不能简单化地理解为是人类理性的表现，它不能等同于人类知识思维理性化的趋势。

社会学家们在该领域已经做了大量的理论工作，产生了丰富的命题与假设。这些工作主要在两个方面进行：一是把情感过程作为社会现象作进一步的理解；二是把情感概念与过程应用在诸如越轨与社会控制、婚姻与家庭、性别角色、群体团结、精神健康和分层等领域。①

其次，从择偶或求偶的角度研究爱情，关注青年择偶的标准、观念和方式②；对于我国少数民族地区的青年男女择偶的研究更多则是从婚俗的视角出发；另外，费孝通将求偶纳入生育制度的范畴③；最近，阎云翔从私人生活的角度研究乡村爱情变迁，这实际上是对家庭的公共生活范式的突破，他更多则是在家庭的视域中关注私人生活、关注爱情④。

最后，值得一提的是西方社会理论家还从性、性别和权力、民主、文明等方面研究爱情的哲学，例如福柯（Michel Foucault）⑤、吉登斯⑥及马尔库塞（Herbert Marcuse）⑦。

长期以来，情感被看作是个体的事情，同社会的关系不大，因而理所当然地成为心理学研究的对象。但是，在西欧北美，这种看法受到一些社会学家的挑战。他们认为，情感并不完全是个体的心理现象，它同时也是社会现象。因此，情感社会学作为一门新的社会学分支而在（20世纪）70年代末、80年代初开始出现在西欧和北美。

从历史的角度看，情感社会学的研究可以追溯到弗洛伊德。他认

① 王鹏、侯钧生：《情感社会学：研究的现状与趋势》，《社会》2005年第4期。
② 管雷：《1978年以来我国青年择偶研究述评》，《中国青年研究》2004年第11期。
③ 费孝通：《乡土中国 生育制度》，北京大学出版社1998年版，第100页。
④ 阎云翔：《私人生活的变革：一个中国村庄里的爱情、家庭与亲密关系（1949—1999）》，上海书店出版社2006年版，第52—53、70、93—95页。
⑤ 参见［法］米歇尔·福柯：《性经验史（增订版）》，佘碧平译，上海人民出版社2005年版。
⑥ 参见［英］安东尼·吉登斯：《亲密关系的变革——现代社会中的性、爱和爱欲》，陈永国、汪民安等译，社会科学文献出版社2001年版。
⑦ 参见［美］赫伯特·马尔库塞：《爱欲与文明——对弗洛伊德思想的哲学探讨》，黄勇、薛民译，上海译文出版社1987年版。

为，人类的文明史就是一部人的情感、欲望和本能冲动在社会条件和社会关系的作用下而逐渐受到制约、镇静、抑制和疏导的历史，作为其结果，外在的社会力量逐渐以"超我"的形式而内化到个人的心理结构中，并对个人的行为进行自我监视、控制和指导。马尔库塞和埃利亚斯分别从批判理论和历史社会学的角度发展了弗洛伊德的这一思想。马尔库塞揭露了文明社会如何为着统治的利益而对个人的情感和本能采取"过剩压抑"。埃利亚斯则从历史的角度，经验地考证了作为人的自我约束的心理机制（类似于"超我"）的"社会发生"和"心理发生"的过程。埃利亚斯还和他学生、英国莱斯特大学社会学系主任丹宁教授，在情感社会学的基础上建立了体育社会学。他们把体育（尤其是足球）和休闲看作是社会地建立起来的情感（如暴力情感）宣泄的安全通道，因而体育和休闲对维护社会的秩序具有积极的功能。吉登斯也探讨了现代性对亲密性和情感生活的影响。[①]

在经历近三十年的变迁后，西江苗寨的爱情状况如何？本书中以对话的笔触展现西江苗寨的公共爱情："摇马郎"；苗寨人的城市爱情；从公共空间转向虚拟空间的当代爱情。我们从公共与私人生活的视角审视苗寨的爱情私人化，这种私人化的爱情得益于手机联结起来的"全天候亲密社区"。

一、1986 年"鼓藏节"与"摇马郎"

改革开放以后黔东南苗族包括西江苗寨掀起一场本土文化的全面复

---

① 王宁：《略论情感的社会方式——情感社会学研究笔记》，《社会学研究》2000 年第 4 期。

兴①，这是一场"在族群内部发生的地方和族群的自我身份的重新确认和高扬的运动"②。

由于历史原因，苗民在贫困、封闭、落后的境遇下也没有实施文化传统的经济基础，另外，在高度政治团结的社会里人们更多是追求劳动的无上光荣而非落伍的传统，当然公共文化传统及相关活动被集体劳动取代不等于私人层面的相关活动的消失，这是很重要的一方面，例如巫医、婚俗、丧礼等。在改革开放后，乡村经济的快速发展及苗民基本温饱的解决为这场文化复兴奠定了基础，苗民对文化传统的需求直接源于过苗年特别是"鼓藏节"。

通过实地调查我们发现苗民对改革开放以后的记忆往往集中在"鼓藏节"前后，例如记忆点在1986年、1998年以及2010年"鼓藏节"前后，1986年的"鼓藏节"可谓是新时期西江苗寨举行的第一次重大节日，在1986年"鼓藏节"前夕，西江从雷山县"拉来了电网"通电了，当年这是令大家印象最深刻的一件事情。下面引述张晓教授对1986年"鼓藏节"的亲身体验：

> 1986年是虎年。……在西江，我们的亲戚有三家：舅舅、姨妈、表姐。我娘家的人也要去过节，我们俩家联合一道去。牯脏节（鼓藏节）的第一天12点钟左右，我们一行数人乘客班车到达西江。下车以后，我们就开始点燃早已准备好的炮竹沿路放着走，引得街道两旁的人都向我们观望。……舅舅家最为重要，我们首先到他家去。到了下午两三点钟左右，我们去姨妈家；四五点钟左右，我们去表姐家。我们带给每一家的礼物都是一只鸭、一串鱼、一箩糯米饭，……

---

① ［美］路易莎·沙因（Louisa Schein）：《贵州苗族文化复兴的动力》，杨健吾译，《贵州民族研究（季刊）》1992年第1期。

② 王良范：《文化复兴与文化认同——黔东南苗族文化的变迁与现代转型》，《贵州工业大学学报（社会科学版）》2005年第2期。

当天晚上安顿下来，就把客人们带去的东西煮来吃了。……到了半夜，才动手杀猪。……牯脏节杀猪不能像往常那样用开水烫，而是用稻草来烧。把猪烧好洗净，就用刀在猪的胸脯上取下一块肉来，砍成11坨（每坨约2两）来煮，这叫做"开仓门"。这些肉煮熟以后就敬祖宗，敬了祖宗后才分给大家吃。至此，是吃牯脏的核心时刻。①

张晓教授亲历了1986年的西江苗寨鼓藏节（牯脏节），并记录了"跳芦笙"、"讨花带"、放鞭炮的情况。如果说跳芦笙是苗年节日的保留节目的话，讨花带则更侧重于未婚青年男女的社交活动。花带即苗民妇女的绣片，费孝通先生在写到苗族妇女的服饰时提及她们的这种绣片。

> 我在施秉和贞丰时，曾到各村子里挨户访问。临走时把针线拿出来塞在苗家妇女的手里。她们总是急急忙忙到房里去，找出块花袖子或是花条条，一定要我带回去给毛主席，说："毛主席喜欢我们的绣花。"在群众大会上，这类的礼物收到的真不少。有一次在凯里欢乐会上，苗家妇女围着我们女同志们的手风琴唱歌，唱得高兴，就把花条条结在女同志们身上，个个都挂满了一身。这是妇女们最亲的礼物，往常是只送给情人的。②

绣片作为礼物送给情人不仅仅发生在过年过节的活动里，更经常地发生在苗民未婚男女的社交场合，按照目前西江苗家的自称，这种社交活动叫摇马郎、游方。在已有的相关文献中，研究者并未在摇马郎与游方之间做严格的区分，另外，重要的是原本属于私人生活范畴的寻求爱情的活动，对于这种摇马郎来说却具有公共性质。下面是苗家本土学者回忆自己年轻时参加摇马郎的情景：

> 夜里，苗家山寨里的姑娘是不敢出远门的，就选择在房前屋后一

---

① 张晓：《西江苗族妇女口述史研究》，贵州人民出版社1997年版，第243—244页。
② 费孝通：《费孝通文集第六卷（1949—1956）》，群言出版社1999年版，第273—274页。

块较为空阔的地方相后生，基本上是一个姓氏家族固定一个场所，久而久之，便成盛产激情的"马郎场"了。……在那收录机刚流行，电视尚未普及，精神生活仍然较为单调的年代，学校放假回来后，夜里，我们就在父母的默许下开始跟着村里的后生到马郎场猎奇去了。摇马郎大都安排在夜里，去的比较远的村寨时，啃点晌午硬饭后就出发了。夜幕暗合四野的时候，我们扛着一部双卡录音机晃悠着来到了邻村的寨边，在山坳口休憩时，大伙儿便"噫——嚯——噫——嚯——"地放声长啸起来。这歇斯底里的吼声一半是抒怀，另一半则是向村寨的姑娘发信号。

噫——呜——呦——啊——噫——

来玩趁年轻

啊——噫——呦

莫错过青春

错过难相逢

冤枉过今生

啊——呦——噢——吼——

待摸到马郎场边，我们就开始肆无忌惮地打起哨子来，……收拾好碗筷后，她们就躲进闺房里精心收拾打扮一番，还涂了些雪花膏之类的香脂，悄悄地出门邀伴。苗家吊脚楼的美人靠边，不时传来一浪浪银铃般的笑声。约近夜里 10 点，……从各个小巷子羞答答地冒出来的村姑没有琵琶遮面，只有举袖遮捂着脸，一任四方来的后生用电筒光来回地猎艳着。马郎场边顿时沸腾起来，飞歌声、嬉笑声……①

之所以称"摇马郎"具有公共性质，在于苗家男女青年是集体择偶，而且这种活动是每天都可以进行的公共活动，只是参与者限于成年的未婚

---

① 七里桥、廖朝元：《悠悠马郎情》，《杉乡文学》2009 年第 5 期。

男女。这种公共活动对于熟人社会而言特别重要，因为男青年在家族外可以开亲的村寨里基本结识了所有的未婚女性，即使没有找到中意者，通过参与这种公共活动他们也达到了社会交往的目的，直到这些未婚男性找到意中人他们才退出摇马郎的队伍。

宋大叔一直在外打工，2011 年春节回到西江，他今年 48 岁，20 世纪 90 年代他在外打工回家的间歇还从事苗族服饰的购销生意，他说：

> 1988 年就结婚了，自由恋爱的，我们那时也唱山歌的，喜欢哪一个就哪一个了。随便去哪个寨子都可以，十来个一起的，一队队一排排的。①

李大叔回忆了当初谈恋爱时的尴尬，因为同时去摇马郎的朋友纷纷不看好他的条件，毕竟失去父亲的他家庭生活困难，朋友们担心他和对象以后怎么生活下去，后来没有谈成。如今，他自信地比较着自己与当年同去摇马郎的朋友们的生活，感触良多。他也提到了摇马郎的社会交往的性质：

> 以前原始婚姻（形式）找媳妇的时候，我们这个寨子一个片区规定一个地方，你家里的小女孩只能在这一片区。寨子姑娘家规定晚上找男朋友只能在那个地方，大伙在一块。看上哪一个对歌对口才，第一眼嘛。我们走几个片区，还有外面也有。走到他们村，女的只能等，男的可以走。走到哪都可以一块进这个场。女孩子只能在这个圈子里面，所以（我们）走到哪里都熟悉。年轻人说说笑笑，结婚后也认识。②

> 以前都是寨子里十几个姑娘一起见那个小伙子的。在一个地方，他们来，我们那时也不太会唱山歌那些了（1989 年左右），有看上的

---

① 调查笔记 47：2011 年 1 月 28 日，西江东引。宋书民，男，48 岁，打工临时返乡。
② 调查笔记 6：2011 年 1 月 16 日，西江南贵。李乡，男，41 岁，打工返乡后经营农家乐。

就一起吹吹牛，玩一下。要是喜欢了就给一件衣服给他。没有看上的就回家去了，关上门睡去了。①

结婚也有二十几年了，我是结婚后才开始搞这个生意的。不像现在这样，那以前是一个寨子的姑娘一二十个在一起集中在一个地方，我们到她们家（游方场）去玩玩，开开玩笑。那时男女离很远的，一近了，女孩就说你这个流氓，很怕的。游方天天都可以，到处走，找到就不去了，没找到就一直去。认识后就送些定情物，一个喜欢一个了就送点东西。女方一般送鞋垫、苗衣服。男方买一些戒指、耳环哄她一下。②

摇马郎除了具有公共活动的性质，还被苗民认为是一种自由婚姻或恋爱的方式。问题的关键在于摇马郎给苗民未婚男女一定的公共空间，特别是女性，让他们暂时离开家庭、家族的私人生活范围，对于他们而言这是一段美好的时光。然而，社会的急剧变迁很快挑战这种爱情发生的形式，摇马郎由一种经常性的社交活动转为与节日特别是苗年节搭配的临时相亲场合，苗民青年在城市里寻找不同的爱情，即使在乡村他们的恋爱也逐步摆脱公共性质而走入家庭。

二、城市里的爱情和乡村变奏

张晓教授记录了1996年西江苗寨的女青年（话务员）对她们爱情的理解。20世纪90年代的打工潮吸引着西江的年轻男女前往城市，还有一部分女性希望嫁出去，总之他们的视野已经不能局限在西江这么小的范围里，他们追求更好的生活与爱情。

---

① 调查笔记27：2011年1月22日，西江平寨。杨习，女，45岁，务农兼从事旅游业。
② 调查笔记9：2011年1月17日，西江南贵。李江，男，40岁，鞋匠。

现在村子里游方搞不起来，没有人了。但广州热闹得很，一群小伙子知道哪里有姑娘，就去找。姑娘们走广州回来变化很大，变得洋气起来。在农村游方，现在吹牛还是过分，……在广州，西江姑娘多。小伙子们星期天就去找姑娘们玩。附近的小伙子听说以后，就从东莞等其他城市跑到广州打工。……谈恋爱的方式与在家乡一样，但是已经不唱情歌了。一群群姑娘、小伙在一起，只是开玩笑。现在家乡，游方已经开始成双成对，但都还是在游方场。离开游方场就受到老人干涉、骂、泼水等。……去打工的年轻人互相看上了回来结婚的较多，去接外地姑娘回来结婚的也较多。①

打工潮以后，一部分苗民回家过苗年节的时候才利用游方找对象，与其他人相比这是一种相对保守的方式，之所以选择在过年是因为外出打工的男女年轻人都会回来，苗年节成为新的恋爱场。如上文所说，这时的摇马郎已经开始成双成对了，这样的择偶方式更高效。1998年西江苗寨又过鼓藏节，当时苗民还遵循传统婚姻禁忌：鼓藏节后3年不能婚嫁，所以1998年前后恋爱、结婚开始扎堆。

唐大哥一直在外打工，现在因为家庭原因不得不返乡务农，附带做些临时工，他说：

到广州搞桥梁，又搞防盗网，然后就回家过十三年前的那个鼓藏节，节后就结婚了，跟我老婆是回来后认识的。我们这里鼓藏节男女都会摇马郎，就是男女一起出来说说笑笑，熟悉了认识了，一起吃吃喝喝逛逛的。1999年结婚的，办了三天酒席，她娘家是外面寨子的。②

① 张晓：《西江苗族妇女口述史研究》，贵州人民出版社1997年版，第198—199、204—205页。

② 调查笔记14：2011年1月19日，西江平寨。唐吉，男，36岁，务农兼临时工。

毛大哥开了农家乐，之前一直在外打工，他说：

> 基本上我们这边我这个年龄的，都在 1998 年那年结婚的，因为我们这有个说法，鼓藏节之后三年不能结婚的，所以都在那一年结了。我们是在我打工回来过苗年时认识的，在外面打工的人都在苗年节回来的，很热闹的，年轻人都在逛来逛去，一直到（现在）观景台这边。①

另外，还有一部分苗民是在城市里找到自己的爱情。这些人可能在城市里通过老乡这种初级群体关系认识家乡的对象，有些可能通过业缘与外地的人相识，他们的爱情更像是一种城市爱情，这样就完全脱离了他们自己的爱情文化。

> 就在后来的餐馆（华南理工大学），我认识了我老婆的，1996 年年底的时候。在那也干了很久。期间没有回来过，直到十三年前的鼓藏节，才带我老婆回来过节的。那时谈对象很简单的，那里还有个女孩子，我们一起吹牛。我第二天过生日，我就吹牛说，哪个做我女朋友我就带她去过生日去。就这样就熟了，就在华南理工大学那里玩啊逛啊，后来就带我老婆回家过节了。②

> 1999 年结婚，打工认识的妻子，下班找老乡玩，聊天、吃饭，就认识了。在那边结的婚，简简单单的。回来就请同族兄弟吃吃饭就算完了。（妻子）我们在广东时婚前有时还到处走走，去旅游风景区去看看逛逛。结婚以后就没了，下班就回家，看看电视。③

> 我在广东是进厂的，待一两年回来结婚了，1999 年。结过后又

---

① 调查笔记 39、39-1：2011 年 1 月 25 日、2 月 5 日，西江南贵。毛江，男，35 岁，打工返乡后经营农家乐。

② 调查笔记 15：2011 年 1 月 19 日，西江平寨。侯誉桥，男，39 岁，打工返乡后从事餐饮业。

③ 调查笔记 13：2011 年 1 月 18 日，西江平寨。侯振，男，38 岁，打工返乡后从事旅游业（照相）。

出去了。我们这自古到今都自由恋爱，我们这里差不多同年纪的都会认识的，哪家哪家都知道。中间是跟老公都在外面，在一个地方，一直联系的，认识了，见面就多了，结完婚又出去了，一直待了六七年。[①]

当时西江苗寨的爱情变奏的核心是走入家庭，以往青年男女恋爱是不能到双方家里去的，年纪大的苗民特别强调只有结婚后才能到家里来，这也证明了以往的摇马郎的公共性质，同时表明爱情走进家庭的变迁意义。这种情况下，往往男女青年已经在不同的场合里相识，男性为了追求他所认可的对象，不得不直接到女方家里展开游说。这时恋爱关系确定以后，双方不能像以前的摇马郎那样经常见面谈恋爱，所以双方都在家的，男方会时不时地去女方家，以吃饭喝酒的形式见面，或邀约；不在家的或分隔两地的双方则通过书信和后来的电话联系。

> 我们谈对象是自己找的，我们俩是在酒场上巧遇的，我们几个男的在一起喝酒，她们几个女的在一起，有一个男的认识她们，后来就认识了。谈了几年才成熟了，我后来出去，她在家。我们写信联系，后来我又回家待几年，她出去，还是写信，那时电话很贵的，她工资低，常打电话都去大半了。她常打电话回来，那时公用电话嘛。我们1998年认识的。[②]

> 2006年我结婚的，我们这边说是偷媳妇，约个时间，有路就包个车，没路就走路。说是介绍的也是，也是自己找的。就去她家吃吃饭，喝喝酒认识了。同意了就选个好日子办了。喝三天三夜的酒。然

---

① 调查笔记46：2011年1月27日，西江东引。宋易敏，女，31岁，打工返乡后务农兼餐饮业。

② 调查笔记48：2011年1月28日，西江东引。董马良，男，38岁，打工返乡后务农兼从事马帮。

后到女方家去认亲。①

初中没毕业去广州打工了，第一次 1995 年去珠海、广州那里打工。在珠海一年多，后来去广州半年，回到西江后，就碰到我老公了，就嫁了。当时 1996 年、1997 年我们这很流行去舞厅，这里开很多，就在那认识他了。当时我打工回来，有很多人来追我的，我没有出去玩，只在家。我老公很会说的，口才很厉害，来我家死皮赖脸，谁也说不过他，就说赢了，就喜欢他了。就嫁给他了。他家没钱，还借人家两千块钱结婚的。②

打工改变了以往的爱情方式，无论是在城市还是在西江，人们逐渐淡忘了摇马郎，开始尝试多样化的恋爱方式。如果说打工造成了恋爱双方相隔两地，那么在西江的青年男女就会感觉到长夜相隔了他们双方。随着旅游业在西江的兴起，人们经济的改善带来了信息传播技术的普及，电话、手机、电脑走进苗家。当然赶上这个好时候的人是更年轻的一代，他们的爱情从上文的长夜相隔转为全天候的亲密关系，这是一种虚拟空间里的爱情，另外，他们的爱情更多转向娱乐化与私人化，这时候的爱情更多是年轻人自己的事情。

三、两次酒席：娱乐、爱情与手机

（一）婉拒：青年人的聚会

去侯大哥家五回，我们采访了他及其父亲，侯大哥今年 29 岁，未婚但是有个女朋友，可以看出来他的腿脚有些略微的残疾，这可能是他至今

---

① 调查笔记 5：2011 年 1 月 16 日，西江羊排。李立，男，36 岁，从事印章篆刻。

② 调查笔记 11、11-1：2011 年 1 月 17 日，西江羊排。李书记，男，46 岁，早期打工者，今为政府工作人员；李妻，31 岁，早期打工者，今开办农家乐。

未婚的重要原因。不消说在西江苗寨，就是在其他地方，除了上学未婚，一般 29 岁未婚的几乎算作大龄青年了。而在西江，我们也遇到一些大龄青年，这些单身者（男性）往往是家里的幼子，有的因为家中父母年迈需要照顾，有的是因为自身条件，导致这些单身者没有时间精力维系一段爱情，只能一拖再拖，直到成为大龄青年。布迪厄认为，乡村单身者是婚姻市场的一种被禁止的再生产的结果[①]，但是他仅仅从家庭财产的不可分割入手，未就家庭外的婚姻策略与规则做说明。在西江，适龄青年要么会在城市打工，要么就在家乡工作，他们的爱情往往生发于同辈群体的活动之中，除此之外就是在城市找到的爱情。

有一天我们到侯大哥家，碰巧他在家接电线，等他忙完以后我们正准备展开架势开始采访，侯大哥接听了一个电话，我们看似乎侯大哥有事情，就提出改天再聊，但是他说没有什么事情，你们等等。然后他又在屋外忙活收拾木料，一开始我们感觉他好像在回避我们的采访请求，故意在磨洋工，后来又觉得他不让我们走可能这会儿真是有事要忙，姑且等等也好。不一会儿大概 10 分钟左右，有 9 个年纪相仿的小伙子鱼贯进到侯大哥家，这时的时间大概是下午三点钟，他们之间很熟悉，来了后就围坐在炉子周围烤火，聊天，当我看见他们带来的一脸盆夹杂着冰渣的小田鱼时，侯大哥邀请我们加入他们的聚餐。这才发现他们来这里是要聚餐，而且侯大哥要我们等也是想让我们加入进去。由于一些事情，我们婉拒了。后来我们采访到其中的一位陆小弟（25 岁），他讲了关于此类聚会的事情。

> 平时朋友在一起玩，到野外弄点鱼回来喝酒，然后去那个酒吧搞点。夏天时就经常到坡上去搞野炊去了。一起玩的都是寨子里从小长

---

① ［法］皮埃尔·布迪厄：《单身者舞会》，姜志辉译，上海译文出版社 2009 年版，第 185 页。

大的，有的是同学，有的是邻居。很多朋友以前也是不在（家）的，近几年才回来的，都是有些事情想做的，也有定下来做事的，一个朋友他开了一个餐馆，我们几个人黄金周就下去帮忙，一个黄金周也能赚个几万块。

朋友间的聚会一来作为消遣，更重要的是聚会谈论的话题主要围绕男女朋友进行，这些年轻人主要在各种聚会的场合来寻找各自的爱情。侯大哥说：

> 平时交往的合得来的人在一起。除了年节，平常来往的也很多。朋友们过来就谈谈男女之间的事情，聚在一起烤烤火啊这些，又没什么事做。一般没什么活动，过年过节搞点，平时吃吃饭、喝喝酒、聊聊天。聚一天半天又回去。本地的都是从小一起长大的，外面的都是打工聊得来的朋友。现在谈对象，要么是在外面认识，要么聚会在家认识，或者通过朋友介绍认识，合适就谈了，不行就算了。2000 年时还是大街小巷转啊，打哨啊。现在手机电话都方便了，都不像以前那样了。现在谈对象方便点，不像以前都是本地的，现在交通、电话什么都方便的。

（二）接受：家里的一次酒席

我们与陆家兄妹年龄相仿，在他们家采访后，我们接受了他们的邀请，准备在那里吃顿饭，陆家父亲因为早年的交通事故严重损伤了身体，母亲在家照顾父亲，他们家住的还是老房子，陆小妹今年 22 岁，卫校毕业后目前在镇卫生院工作，她的哥哥（陆小弟 25 岁）一直在西安打工，后来想回来投资洗浴中心，因为风险较大未能实施，至今在家飘着。正如他们俩所说，他们这批年轻人好多都回来想自己做一番事业，但是要么资金匮乏，要么经验不足，真正定下来的不多。我们采访结束以后，那天晚上酒席的主角才到。主角就是李小弟，他今年 26 岁，目前在家开面包车。实际上，李小弟是陆家的邻居，他在福建打工 6 年，3 年前因为父亲去世而返乡，现在他和母亲一起生活，用他自己的话说是单身汉。他来到陆家以后，我们简单地对他进行了采访，期间陆家兄妹开始忙活晚餐。通过了解，我们才发现那天在侯大哥家聚会的就有陆、李二人，简单的采访后李小弟就闪出门去了。陆家兄妹的厨艺惊人，三下五除二，一锅鱼就做好了，这主要得益于他们的厨艺社会化，因为聚餐作为西江苗寨年轻人的娱乐项目之一，无论是在家里还是在野外，做饭应该人人都会，而且男孩比女孩强。等到落座时，我才观察出李小弟为什么是今晚的主角，我们围着炉子坐一圈，陆家父母坐在一起，我们坐在他们的左手旁边，陆小弟坐在我们的左手旁边，然后依次是他的妹妹、李小弟。原来李小弟到陆家吃饭意在陆小妹。用他们的话讲，冬天闲来无事都好到家里坐坐，喝喝酒、吹吹牛。而爱情就在这样的娱乐形式下含蓄地进行着，这种方式虽然并非纯粹的爱情社交过程，但是这样的方式更能够让人们接受。

> 1990 年以后就没有人唱了，他们年轻的都不会。随便唱几句，问哪里来的，就可以了，就认识了，在马郎场玩，不到家里。现在没了，就直接进家里去或打个电话了嘛，就来了。年轻人的娱乐，酒吧、烧烤，到饭馆啊，请到家来吃饭啊，打鱼吃啊。现在接触女朋友就在这样的玩乐中间。①

西江苗寨青年人的聚会成为寻找爱情的地方，聚会可以安排在野外、年轻人的家里、饭馆、歌厅、酒吧、烧烤店，聚会成为他们的娱乐方式，而且在聚会中结识潜在的恋爱对象，一旦自己认识或通过介绍认识了对象，他们之间的联系一方面通过现代信息传播技术，如电话、手机、电脑，另外还通过这种聚会得以加强。特别是男方，他可以去女方家吃饭、

---

① 调查笔记 47：2011 年 1 月 28 日，西江东引。宋书民，男，48 岁，打工临时返乡。

喝酒进一步明确他们之间的恋爱关系，实际上这是另一种娱乐形式。

四、从公共空间到虚拟空间：爱情变奏曲

情感是要以某种社会方式进行沟通和交流的。情感沟通的社会方式是情感沟通的技术手段和社会形式的统一。按情感沟通的技术手段来分，情感的沟通方式包括口头沟通、书面沟通和电子沟通等方式。同这三种技术沟通手段相对应，出现了情感沟通的四种社会形式：双向、面对面的沟通形式（以口头沟通为手段），双向、非面对面的沟通形式（以书信、电话和电子邮件、传真为手段），单向、面对面的沟通形式，单向、非面对面的沟通形式。现代社会、尤其是城市化社会在情感的社会沟通方式上的变化之一就是面对面的、以口头为媒介的双向沟通的范围越来越小了，越来越限定在亲密范围。①

爱情的获得是情感沟通的技术手段和社会形式相统一的过程，在改革开放初，西江苗寨的年轻人通过双向、面对面的口头沟通寻找爱情，这即"摇马郎"或"游方"的方式。打工潮的兴起使得恋爱双方以双向、非面对面的书面、电子沟通来维系爱情。如今，西江的年轻人更多的是以双向、非面对面的电子沟通来获得爱情。

空间是一种"权力几何学"（power geometry）②，空间的视角强调社会、文化的关系、资源和规则。如果从空间的角度研究爱情，我们认为西江近三十年的社会变迁使苗民获得爱情的"场域"由公共空间转到虚拟空间。

---

① 王宁：《略论情感的社会方式——情感社会学研究笔记》，《社会学研究》2000 年第 4 期。

② Rich Ling & Per E. Pedersen（eds.），*Mobile Communications：Re-negotiation of the Social Sphere*，Surrey：Springer，2005，p. 145.

如前文所述,"摇马郎"是具有公共性质的爱情社交方式,"马郎场"成为苗民爱情的公共空间,在这种空间里,男女双方的关系被限定在固定的情歌规则之上,受到家族的权力制约。除了谈情说爱,在这样的公共空间里更多承载的是日常生活的娱乐与消遣。如今,苗族男女通过各种娱乐场构建爱情,并使用现代信息传播技术,如手机,来建立一对一的私人性质的虚拟空间。这是一种"全天候的亲密共同体"(full-time intimate community)①,恋爱的双方可以突破地域、时空的限制展开亲密的话语互动,同时手机在这样的亲密关系中所产生的社会互动更多的是情感性的②,例如西江年轻人之间的聚会以及男方受邀到女方家喝酒。

萧凤霞教授在公共与私人生活方面对阎云翔教授的"私人生活"研究提问。在私人生活方面,萧凤霞认为现代性表现于人们更加直接的表达情感,当然这里也包含爱情,但是我们也不能忽视以往人们在情感方面的主动性;在公共生活方面,萧凤霞提出疑问:为什么会有乡村公共生活的消退?为什么会有这样的文化困境?

> 阎云翔的民族志表现了敏锐的洞察力。在阎云翔的研究基础上,我提出以下问题以期拓深讨论。首先,1949年前的中国家庭生活有什么特质?无疑,与以往相比,人们今天更直接地表达他们的情感,但我们不能因此先入为主地认为过去就没有个人的情感及能动性。历史学家曾质疑俗众对中国家庭既有的刻板印象,指出纵使在森严的社会环境与文化规范下,仍不乏私通野合、世所不容的激情,以及个体无穷欲求的例子。事实上,缠绵浪漫的情爱故事从来就是民间传说、通俗艺术形式的核心主题,而不孝逆子的故事亦非鲜见。如果这些情

---

① Mizuko Ito, Daisuke Okabe, & Misa Matsuda (eds.), *Personal, Portable, Pedestrian: Mobile Phones in Japanese Life*, Cambridge: the MIT Press, 2005, p.133.

② James E. Katz & Mark A. Aakhus (eds.), *Perpetual Contact: Mobile Communication, Private Talk, Public Performance*, Cambridge: Cambridge University Press, 2004, p.141.

节在革命前早就存在且以不同方式为人熟悉，那么我们该用哪些概念工具理解它们，才不至掉入中国家庭要么协作共生、要么经济主导这两种理解模式的泥潭？

其次，长时段的历史讨论有助于我们重估社会主义时期某些独特的转变，从而丰富阎云翔有关当今家庭生活极端私化的论证。早在我的另一篇讨论家庭动力的文章中就指出，20世纪90年代中国家庭间不惜一切攫夺嫁妆与彩礼的现象，清楚表明"家庭"怎样被社会主义式的革命彻底掏空并重新定义。日渐强化的夫妻关系，反衬着形成更大家庭化过程的层层社会关系及礼仪资源的破败。早已深植的家庭化过程，一方面提供各式各样的保障与调度资源的手段，并藉衔接私人与集体两个领域的精微道德结构而强化；另一方面亦为其成员提供各种表达的途径。然而，这些管道于今所剩无几。阎云翔把当今农村之缺乏公共生活归因于国家从社群事务组织及其仅余的政治控制中撤离，但仍要追问的是，公共领域中为何会有这样的文化困境？①

通过西江苗寨的爱情研究，我们发现以往的苗民爱情本应该属于私人生活领域，却被植入公共空间中。有一种观点认为苗民的私人生活领域（主要是家庭、房族、家族、鼓社）过于强大，远远胜过公共领域，例如特别是对女性而言，她们的一生中间，只有婚前参加"摇马郎"这一个机会来体验公共生活。但是，早期苗民的"公共爱情"并没有消减他们在情感方面的主动性，这可以说是在庞大私人生活中的一点点例外而已。

相对地，今天苗民的公共爱情已经消失，为什么会有这样的文化困境？这或许可以通过乡村的现代化来回答。如前所述，打工潮实际上并没有将"摇马郎"这一公共爱情消灭，只是在频率方面做了妥协，公共爱

① 萧凤霞：《中国纪元：背负历史行囊快速前行——评有关中国当代社会生活的三部著作》，《社会学研究》2006年第5期。

情由日常型转为节日型,这是苗民适应打工生活方式而又兼顾文化惯性的选择。但是,随着乡村进一步现代化,人们的观念开始改变,城市的生活经历不仅仅是苗民的猎奇,更重要的是年轻人不再考虑家乡的原话语,而是按照他们在城市所感悟到的现代性的冲动去改变乡村,适应自己。

本质上来说公共爱情的消退并非绝对的文化困境,而恰恰是西江旅游业中的公共爱情的表演才重新引发对这种公共领域的文化困境的再思考。公共领域或空间中为何会有这样的文化困境?

第七章　矛盾的家庭代际关系

　　我每周六会用手机和我的父母联系。自从 2002 年离开家在外上学，这个行为已经成为一种习惯，不知不觉延续了十几年了。每当学生们第一次看见我，我都会告诉他们一点，就是希望他们记得常常和父母联系，并告诉他们我的这个习惯。当然，手机他们都有，但不一定会如此使用。曾经有媒体报道，大多数大学生们想不起来和远在家乡的父母联系，只是缺钱花的时候才想起父母，还有学生感到自己和父母不知道该说些什么，即使是要钱也是草草几句话，挂断手机……反倒是父母常常与子女联系，有些案例表明如此行为反而使子女厌烦……情况多种多样，令我们反思，手机究竟是加强了亲子之间的联系还是削弱了？代际关系究竟发生了哪些内部、外部的变化？

　　客观地讲，随着手机互联网的进步，越来越多的孩子会通过手机社交媒体与父母联络，这在一定程度上强化了亲子关系。同时，我们也可能观察到那些不能使用手机互联网的父母，他们与孩子之间的联系会被弱化。如果突破代际沟通的视域，观看现代家庭代际关系的变化，我们会发现，难以用团结、冲突这样的二元思维看问题。特别是在乡村地区，家庭代际关系中的抚养、赡养问题相对比较突出，由于乡村家庭的完整性出现问题，导致代际关系一度出现冲突紧张的局面，留守儿童、空巢老人均是此背景下产生的特殊现象。但是，同时我们也能够观察到乡村家庭代际关系强有力的一面，祖孙关系代表了乡村空巢老人与留守儿童的组合生活方式，留守的老人、妇女（往往是媳妇们）会照看土地，帮助远在城市的男劳力支撑起一个家，这是团结的景象。这些团结、冲突会出现在同一个社会中，就像手机既削弱又强化亲子沟通一样。

代际关系指代与代或隔代间的关系，主要包括抚养、赡养、交换、交往等内容，学界关注的代际关系包括社会代际关系和家庭代际关系，后者较前者更微观，并获得更多的研究。

家庭代际关系的研究主要有两种视角：一是抚—赡视角，这种视角源于代际关系的反馈模式，它强调家庭代际关系的核心是亲对子的抚养以及子对亲的赡养，该视角主要在结构与文化方面研究抚养与赡养的平衡；后来有学者加入性别的维度研究女性—娘家的赡养①，这样就突破了以父系为中心的单线分析路径。

在中国流行着一种对西方家庭里亲子关系的看法，并用"空巢"两个字形容它的模式。他们认为：在西方现代社会里父母对子女有抚育的义务，而子女对父母却没有赡养的义务。为父母的人辛辛苦苦把儿女抚育成人，一旦儿女羽毛丰满却劳燕分飞，给父母留一个"空巢"。且不问西方的家庭事实上是否如此，这种比喻在中国人中确能引起对这种凄凉晚景的反感。中国人对"空巢"的反感也正说明了中国人所倦恋的晚年决不是这个下场。这种感情本身反映出了中西文化的差别。

如果我们承认中西文化中确是存在着这种差别，我们是否可以用下列公式来予以表示：西方的公式是 $F_1 \rightarrow F_2 \rightarrow F_3 \rightarrow F_n$ 而中国的公式是 $F_1 \leftrightarrows F_2 \leftrightarrows F_3 \leftrightarrows F_n$（F 代表世代，→代表抚育，←代表赡养）。在西方是甲代抚育乙代，乙代抚育丙代，那是一代一代接力的模式，简称

① 唐灿、马春华、石金群：《女儿赡养的伦理与公平——浙东农村家庭代际关系的性别考察》，《社会学研究》2009 年第 6 期。

"接力模式"。在中国是甲代抚育乙代，乙代赡养甲代，乙代抚育丙代，丙代又赡养乙代，下一代对上一代都要反馈的模式，简称"反馈模式"。这两种模式的差别就在前者不存在子女对父母赡养这一种义务。

如果进一步分析西方的接力模式，在一个人的一生中可以分出三个联续的时期，第一期是被抚育期，他和父母构成一个生活单位，第二期是抚育子女期，他和子女构成一个生活单位，最后就留着一段抚育空白期，由老夫妇构成一个生活单位，那就是上面所说的"空巢"。中国的反馈模式如果相应地分为三个时期来看，第一期是被抚育期，第二期是抚育子女期，第三期是赡养父母期。当然，第二第三两期有参差复叠的情况，因而也使生活单位的结构复杂而多样。①

家庭代际关系研究的另一种角度是生命周期视角，这种视角以一代人为中心研究他与上一代间的抚养、交换、赡养关系以及与下一代间的抚养、交换、赡养关系，并析分出经济交换、情感沟通等维度。生命周期视角本质是抚—赡模式与交换模式的结合，后者主要在经济层面强调抚—赡期间的亲子关系。②

对于城乡家庭代际关系的变迁研究表明，关于赡养义务的社会舆论控制力的减弱以及传宗接代价值观念的淡化使得抚—赡关系趋于不平衡，亲子间的经济交换日益显性化，由于人们流动性的增加带来亲子情感沟通的弱化，在代际传承方面出现文化反哺③的现象，结果家庭代际关系越来越朝向独立、平等的价值追求；亲子抚—赡关系转而理性化；从而达到新的平衡状态。

---

① 费孝通：《家庭结构变动中的老年赡养问题——再论中国家庭结构的变动》，《北京大学学报（哲学社会科学版）》1983 年第 3 期。
② 王跃生：《中国家庭代际关系的理论分析》，《人口研究》2008 年第 7 期。
③ 周晓虹：《文化反哺：变迁社会中的亲子传承》，《社会学研究》2000 年第 2 期。

西江苗寨的家庭代际关系总体走向是符合整个社会宏观趋势的，其特殊性在于西江苗寨的社会舆论及文化价值观使得老人能够得到子孙的孝忠，在家庭代际关系中处于核心而非边缘化。

以生命周期为研究视角，我们锁定早期打工者这一代人，他们的年龄在 40 岁左右，20 世纪 80 年代后期这一代人通过最先外出务工来解压与上一代人间的代际冲突，这种冲突主要表现在思想观念的开放程度上；随着打工潮的兴起，西江苗寨空心化，这一时期主要是家庭的隔代关系，早期打工者往往将下一代留给父母照看，他们实现了代际交换，而这一时期手机充当了早期打工者与子女间沟通媒介的角色，特别是没有代际交换的情况下手机凸显了重要的祖孙关系；到最近几年，早期打工者这一代陆续返乡，他们的上辈已经年迈，他们的子女有些已经外出务工，有些还在上学，早期打工者这一代如今是上有老下有小的群体。

我们从手机的线索出发分别考察早期打工者这一代与子女间围绕手机生发的代际冲突与沟通、女性与娘家的手机交往、老年人（早期打工者这一代也步入老年）与子女的手机情感维系等问题。

从以上的说明可以看出我们比较关注的是家庭代际关系的交往层面，无论是代际冲突（或代沟）[①]、代际交换还是代际沟通，都是从代际交往的层面分析历时的关系变迁，以手机和交往看家庭代际关系的变迁实际上就是要解决家庭代际关系的现代性张力问题，这种张力并非仅限于代际冲突，更重要的是彰显社会变迁语境中的代际交往问题，由团结到冲突，由冲突到矛盾，之所以矛盾是因为社会的流动性遭遇代际关系的稳定性，人们对手机又爱又恨，外嫁的女儿通过手机消解父系中心的家庭结构关系，而老年人则被远方的子女牵挂，这些都表现出西江苗寨流动的现代性与文化的传统性间的张力。

---

①　周怡：《代沟现象的社会学研究》，《社会学研究》1994 年第 4 期。

一、早期打工者：叛逆的一代

在苗族的伦理观念中敬老占有重要的地位，日常生活中说话、走路、吃饭都有一套礼仪规范①，在传统观念中敬老已经成为苗家的共识，今天仍然能够在生活的细微之处发现这些根本的礼仪。我们在实地调查期间也体验到敬老的氛围，例如让路，苗寨的山路往往比较陡峭，特别是下过雪以后，年纪比较大的人挑着扁担打草回家都能够得到礼让，我们的让路行动还特别得到夸奖，另外就是双手捧饭②，一般地只要是有老人在场的宴席，年轻人都会及时的给老年人盛饭并用双手递送，甚至像我们这样的年轻人作为客人也能够得到小孩子的这种礼遇。

在苗乡，对于长辈老人特别尊重。无论是谁，遇到走村串寨的老人，只要进到自己的屋里来，必定热情接待。首先给老人让座，然后敬茶、点烟，问寒问暖，使老人感到像到了自己家一样。路上遇见老人，不论认识与否，都亲切地称呼为"ghet"（公）或"Wuk"（太），并让道给老人先走。如果遇上家族或亲戚，则必须按辈分称呼，不能随便呼长叫短，否则将被视为无礼而受到耻笑、斥责。若老人背负东西，青年人要主动给老人带一程，甚至把东西送至老人家门口。在宴会及公共场所，长辈及老年人先入正席落座，小辈方可入席。婚嫁喜庆，饮酒场合，长者先开怀，好酒必敬长者，佳肴必让老人。逢年过节，宴席中的鸡肝、鸡头、翅膀和鸡爪，必敬席上长者或尊贵客人。任何时候，任何场合，在长辈或老人面前，年轻人必须恭恭敬敬，彬彬有礼，说话语气和顺，不可指手画脚，更不允许指着老

---

① 伍新福：《苗族文化论丛》，湖南大学出版社 1989 年版，第 149 页。
② 伍新福：《苗族文化史》，四川民族出版社 2000 年版，第 230 页。

人说话。同行时请老人走在前面，坐席时请长者坐在上位。对于鳏寡孤独或有残疾的老人，不准取笑和侮辱。村寨有人发生纠纷，往往都请老人来劝解、调停。①

在这样的伦理中长辈在家庭代际关系的支配层面占有优势。然而在思想观念上，20世纪80年代末的年轻人却与他们的上辈人有了冲突，这种冲突（或代沟）主要是制度层面引起的，改革开放成长的一代向往乡村之外的世界，他们不再固守土地，不能容忍封闭和生活的现状，往往因为一点小的矛盾就与父母产生冲突，离家出走成为他们的选择，当然这种情况相对来说还不普遍，所以这些人就成为西江苗寨的早期打工者。他们在乡村有两种截然不同的形象，一种是乡村相对贫困者，这些人家一般人地关系紧张，为了解决温饱他们突破父辈的思想限制毅然走出乡村，后来在人们的记忆里他们是敢闯敢干的一些年轻人；另外一种形象则是负面的，这种情况下的年轻人早早地辍学在家，在乡村成为偷鸡摸狗的一类灰色人群，可能就因为做了错事，不愿面对父母的责罚而逃出乡村走进城市，这些人也不乏成功者。这些早期的打工者在观念上、行动上体现了20世纪80年代末的代际冲突，而打工成为他们缓解冲突的途径之一，我们就将注意力集中在这样一个群体上，看他们在30年左右中所经历的家庭代际关系的变化。

> 1988年以后开始有一部分人出去，我们村里面去了两个，加上我就是三个。我十六岁跑去了一次，去广州，我还没读完初三，被家里老人骂了几句，就跑出去了。到了那里很陌生。我是从没出过门的，凯里、雷山都没去过的。到广州一看，这个地方这么大。在那像井底之蛙的感觉。我在那流浪一个月，讨吃的，风餐露宿，

① 李廷贵、张山、周光大：《苗族历史与文化》，中央民族大学出版社1996年版，第425页。

没有身份证也不能干什么，一个月又回来了，又上学，毕业以后又出去了。①

西江这边一开放就陆续有人出去了，都是年轻人，我们都喊他们是流浪者。后来他们拿钱回来了，我们才知道是怎么回事。出去打工的人一开始是不被家人理解的。②

（20世纪）90年代那时打工已经开始了，但去的人不太多。2000年以前去的人少些，以后去的人就多了，几乎每家有劳力都去。最一开始去的是我们这比较调皮的，好吃懒做的人去。我说个例子，我们寨上一个人现在特别富，有一两百万吧，他是怎么富的呢，他晚上偷人家鱼，逃跑到广东去了，人家就找不到了，他是高中生，（当时）那边学历高的也不多，就雇他去厂里干些事情，后来就包些事情干，就富了。还有去的是一些家里田确实不多的，1981年分田时没户口的。当时是一个带一个出去的。③

后来开放，他们年轻人出去打点工啊，大概1986年开始有人出去，有些人出去后回来，一个喊一个的，就出去了。生活好一点了。最开始出去的都是年轻人，我们这帮也去好多，三十几岁啊，有胆量的。④）

我们访谈的杨氏父子是一个典型的案例，杨大哥如今在西江苗寨做室内装修的生意，他是一位早期打工者，最近几年返乡，他的女儿生在浙江，儿子生在西江，父亲杨大叔一直在家务农，照看孙辈。谈话间，儿子回忆自己外出打工的经历时还在与父亲讨论只知道种地的落后思想，父亲仍然强调种地的重要性，当然他也认为儿子当年做得对，毕竟儿子现在的

---

① 调查笔记40：2011年1月26日，西江南贵。毛交夏，男，37岁，打工返乡后从事建筑业。

② 调查笔记43：2011年1月27日，西江东引。宋竹平，男，70岁，务农。

③ 调查笔记55：2011年1月30日，西江东引。宋文，男，40岁，文化站工作人员。

④ 调查笔记52：2011年1月29日，西江羊排。侯耳仁，男，57岁，纠察队员。

生活很殷实，

> 1988 年、1989 年西江这边出去打工的很少，最早打工是去东北开荒的，我们那边当时 600 户人的苗寨只有五六个去打工的，1985 年就去黑龙江了。当初 1988 年、1989 年出去的人有的是父母还在，家境特别困难的。有的是好奇的，大家玩在一起的，就一起去了。我一个最好的朋友，他是家境也好，父母也在，但他就不爱学习，就跑出去了。大部分人在家务农的。那时广东还没有开发。我们那时想走的，老人都说没文化，没头脑，跑哪去啰，好好学习。祖祖辈辈都种田挖土的，要不就养鸡，大了拿到市场卖（没有前途）。那时不管开觉还是西江都是比较封闭的。①

二、祖孙关系：手机与留守儿童

2000 年以后在西江苗寨，只有老年人和小孩在家，甚至连妇女都很少在家，西江空心化了，这一时期"早期打工者"已经在城市里拥有了稳定的工作与生活，他们的父母还有劳动能力，并且能够为自己照顾下一代的孙辈，这就形成了代际间的经济交换关系。一般地，在家的父母靠儿子打工汇款来开支农业生产、孙辈抚养、日常生活等，而他们两代人在城乡攒下来的钱和余粮成为这个家庭的经济资本积累。在西江苗寨因为地基与房子成为一种经济投资，所以这种稀缺性造成一些家庭推迟了分家，在照顾孙辈方面，这些家庭的老人更是体验着自己与子女间的一种经济交换关系。

陆大爷老两口住在自己的老房子里，他们有两个儿子，因为没有

---

① 调查笔记 57：2011 年 2 月 1 日，西江羊排。杨开县，男，42 岁，打工返乡后从事建筑装潢。

房子所以至今没有分家，两个儿子儿媳都在外打工，他们留在家里一共三个孩子，大的有九岁，两个小的只有五六岁还未到学龄，两个儿子时常打电话回家询问孩子的情况，两位老人照顾田土和孩子，他们在家的开支主要是在孩子身上，儿子们的汇款也刚够孩子们的日常开支，基本上这样的情况属于普遍。因为地基有限，房子不足，这些家庭推迟分家，而在可操作的层面上，老年人与子女之间进行着经济交换，一方面是家庭形势所造成的，另一方面也出于放心。①

在西江苗寨，小儿子的家庭是幸运的，因为分家后老人往往会选择与小儿子一起居住，小儿子免去了起房子的压力同时也承担起日后赡养的责任。当然，老人也要继续抚养他们的孙辈，大部分情况下是小儿子的子女。但是，早年分家出去的家庭，他们的孩子有些不能在祖辈那里被抚养，他们基本上要么没有亲人的日常照顾，例如把孩子留在学校或邻居家，还有一种情况则是把留守儿童寄放在亲戚家，例如这些亲戚是体制内的工作人员，他们能够在家照顾孩子的日常生活。那么这些留守儿童就成为缺乏亲子互动的一代人。

杨大婶目前开了一家农家乐，她平时有较多的空闲时间来帮助父亲照顾自己兄弟姐妹的孩子，这些留守儿童经常在一起嬉戏，杨大婶只能照顾他们的日常生活，饮食起居，有时忙起来除了看电视就只能让这些孩子在一起自己玩耍。杨大婶颇有感慨地说，没有父母在身边的孩子很可怜，一个侄女有一天让杨大婶摸一摸她的脚，起初杨大婶不知道为什么，一摸才发现侄女的袜子破洞了，杨大婶感觉孩子是不敢轻易地开口问她要东西，毕竟自己不是他们的父母。这些孩子缺乏的就是与父母的情感互动。②

① 调查笔记19：2011年1月20日，西江平寨。陆耀义，男，74岁，务农。
② 调查笔记64：2011年2月9日，西江羊排。侯长路，男，42岁，教师兼经营农家乐。

除了祖孙关系，人们往往不太放心把孩子寄放在亲戚家或学校，理所当然地这些年轻的父母很快给子女配备了手机，他们在城市里可以抽空给孩子说话，一来解决亲子分离造成的情感缺失，重要的是能够在城市监控乡村里孩子的生活、学习、成长。但是手机作为一种手段却没有达到父母的目的，换句话说手机代替不了这种特殊时期的祖孙关系，它只能凸显祖孙关系的重要性。而孩子们则用手机逃避父母的监管，对于他们来说手机让其感觉父母离他们的距离有多远。

2007 年我来这里，我在这里小学带过课，中学用手机的都很少，现在可能家里面的人出去打工，家里人要去买，父母也为了方便一点，有一些父母都在外地打工，都不知道小孩子在家里干什么，可能也要买，但是有一些家里有爷爷奶奶带着他就不会买，有爷爷奶奶管着就方便得多。

有一些家里小孩大一点了，五年级以上的，父母出去打工，小孩在家就不放心，自己家没有爷爷奶奶照顾，就会买了手机方便自己联系小孩。父母他们都是为了方便，也是不放心嘛，基本都是这样的，但是他们没有想过用手机对小孩不好，他没有想这些，

一出去，父母就想万一小孩联系不上怎么办，他没有想到学习，因为农村嘛。现在小孩都会用手机了，他觉得大一点会用了，肯定会去买，为了安全考虑嘛。毕竟他出去外面，不知道小孩在做什么，怕他出走呀，他还是要买的。

现在父母在外面打工的，有点钱了就会帮小孩买手机，以前都没有，2007 年以后才有的。虽然太远，但是他最起码知道小孩在做什么，要不然他知道出了什么事呀，叫邻居呀或者那个亲戚之类的人呀劝一下，最起码知道一点少操心嘛。如果小孩做什么坏事他都不知道，现在有手机就知道啦，还可以教育一下。

（父母）基本上都是看不到的，电话里也有骗父母，现在小孩一

个学一个，大了都狡猾的很，不会说真话，基本上现在小孩都是这样，他做错了事也不会承认是他做的。①

在西江苗寨，儿童这样的留守状态存在的时间并不长，一方面他们可能跟随父母在城市生活，另外随着西江开发这些年轻的父母已经步入中年，他们成为上有老下有小的群体，他们要承担起照顾老人的责任，同时抚养子女的任务也基本结束，他们的子女大多已经外出打工或上学，他们不再为子女操心婚嫁问题，留给子女自己承担，所以他们得返乡。另外，还有一部分人是因为从事旅游业而返乡的，他们的父母依然能够劳动，他们的子女还在乡村接受义务教育，这些人能够弥补一些亲子情感的不足，同时也能够缓解老辈人的压力。下文我们从手机出发分别分析这些返乡中年人的亲子关系、女儿与娘家的关系、空巢老人与子女关系的沟通。

三、上有老下有小：手机与代际沟通

（一）围绕手机的亲子关系

如今随着手机在西江苗寨的普及，越来越多的孩子开始使用手机。西江小学、中学里的孩子迫切想拥有一部手机，但是家长普遍反对自己的孩子有手机，反对的理由主要是怕手机影响孩子学习。家长认为，孩子如果离开西江去县城或者州府去读高中、或去外面打工则考虑给他们配备手机，在家则完全没有必要。这样亲子之间围绕手机产生了冲突，同时他们之间也要靠手机沟通，特别是这些孩子去外地上学的时候，家长需要用手机联系自己的孩子，为他们在学校的生活操心。

在西江的孩子表达了对手机的需求：

---

① 调查笔记：2010 年 7 月，西江平寨。董学耀，女，28 岁，教师经历今药店营业员。

想（有手机），我想用这个跟朋友说话嘛，聊天；玩游戏这些的，会拿有些同学的手机玩游戏。他们（父母）说我用那个手机对我的学习没有好处，所以不要我买，我就在这里上学，他们对我很放心。

没有手机是（挺没面子的），一般他们有手机的都会在一边玩，我们就看他们玩。我也可以联系到他们，家里有电话，（不在家里）有时候找个有手机的朋友在一起。（有手机）可以和他们联系，觉得更方便一点。如果我有手机的话，他们会随时查我的手机的那些信息的。（买一个一般的手机）我也会要，因为我想和朋友联系嘛，我的朋友一般和我很友好，不会笑话我的。（没有手机，朋友约我）少一些。①

而家长也给出了自己反对的理由：

那个手机呀，别人都有了，但是我不允许，因为现在她还是一个学生，她用那个手机，这要玩，那要玩，课还没到时间，就摸荷包转到手机了。去那个民族中学，都是那样的，一下课了，就是你现在在哪里，我们这里好玩，你过来玩吧，不得了了，来这里吧，大部分都是这样的。

她很少出去外面远的地方，一回到家，她就按那个手机，按来按去，我们一上坡干活，她就拿那个手机打呀打呀，因为我们这里资金来源很有限，她打那个最少都一个小时，哪有那么多钱给她打，话费太多！她想去玩，就走路去看看，她当然很想买手机，睡觉都梦着那个手机呀，谁说不想，回家了一个人无聊啊，还可以跟那个手机聊聊天，她一个人放学了回家，喂几头猪，完了就看电视，一到学校，一个两个都拿手机。

---

① 调查笔记：2010 年 7 月 21，西江平寨。侯小妹，13 岁，初一学生。

学生阶段，手机不适合用，当然就是这样。你给她手机没有用，她根本不明白。你就打来说这里好玩，你来这里玩吧，什么同学来了，你来喝一下酒，根本就是那个你交往我交往，乱套了，回到家了就不理父母了。话费完了，拿一点钱交个话费，打来打去觉得有意思，这个月交50块不够，下个月就100多块才够，父母亲都去那个山上耕那个农田，又不是做老板，资金来源太有限。除去父母亲做什么生意，有些空绰一点的，玩手机吧，这个没问题的，玩到什么程度算什么程度。①

当孩子到外地读高中时，做父母的首先想到的是给孩子配一部手机。

我有两个孩子，大的上高一了，两个孩子学习很好的，在西江中学都是学校第一，在县里考试全县第二。我有一个姐姐在台江县教书，说你孩子学习那么好，要鼓励他考好的中学，我觉得农村的孩子不比城里的娃娃，去县城里比，比不上的，老师没有城里好。大儿子在高中现在学习还是好的，有把握拿第一。开学我带他去，后来一次也没去，中间就打电话去，给老大配了手机，一般他打来我能收到清楚，我打去他收不到。经济拮据，给他的手机是半旧的。②

我有两个孩子，大的21岁已经出嫁了，小的还在读高中，在雷山。平时很远也管不上他，一般放假回家来，不放假很少回。我家兄弟在那边，房子也在那边，但去他们家少。在学校多些。我兄弟姊妹五个，三个妹，一个哥。给小孩早配手机了，一去雷山就说，我去那里远了给我买个手机。我就给买了。平时他没钱了就跟我联系。我一个星期和他联系一两次，也是说不要玩要好好学习，但是远了也不知道。他有时不给我打，给他妈打，老是跟我说他也不好意思。③

---

① 调查笔记：2010年7月22，西江平寨。杨大哥，43岁，女儿15岁，儿子12岁。
② 调查笔记5：2011年1月16日，西江羊排。李立，男，36岁，从事印章篆刻。
③ 调查笔记9：2011年1月17日，西江南贵。李江，男，40岁，鞋匠。

（二）手机与娘家

从外地嫁到西江的女儿们，特别是从省外嫁到西江的，时刻牵挂着她们的娘家人。刘姐是广东人，她与丈夫是在广州打工的时候相识的，1998年嫁到西江，从那时起她先后有了一个女儿、一个儿子，除了间歇短暂的外出打工，她一直在西江照顾儿女、老人。刘姐在娘家是老大，她的父母都在广东乡村做养殖，喂鸭喂鸡，她最大的遗憾就是没有能够让父母来西江看看，他们如今身体也不好，自己又不能回去，所以想念娘家的心情很迫切。去年暑假她的两个孩子跟丈夫回了一趟老家，刘姐自己却没有回去，唯一能够寻求安心的就是给父母打电话。她说在西江没有什么电话可打，平时主要是和广东的父母、弟弟妹妹打电话，他们也给她打。

> 遗憾我们家人都没来过西江这里，我爸妈在家忙，养鸭、养鸡。我妈现在看电视，看到贵州这里下雪，冻啊，给我打电话问这边的情况。①

春节刚过，刘姐就和丈夫大吵了一架。事情很突然，她是偶然想回家了。后来我们了解到，在州府凯里跑广州长途客车的老板有一天偶然遇见了刘姐，随口问了她一句，过年后回不回家，这引发刘姐对娘家的思念。她认为很久没有回家了，父母年纪也大了，加上春节后在家也没有什么事情，于是和丈夫商量。丈夫算了一笔账，最终因为经济限制刘姐的计划没有能够实施。冲突就发生了。

如今在西江，妇女在家庭的地位越来越重要，她们当家成为普遍的事实。与整个社会的发展一致的是，当家的妇女要考虑娘家。刘姐的娘家太远了，她只能在手机里了解父母的情况，另外还有一些嫁到西江的妇女娘

---

① 调查笔记 10：2011 年 1 月 17 日，西江平寨。刘姐，35 岁，嫁入西江从事餐饮业。

家并不远，主要在周边，她们能够为娘家做更多的事情。杨大婶在整个春节期间没有回过娘家，但是她用手机时刻与娘家人保持联络，春节期间虽然没有什么事情，但摆酒席招待一批一批的娘家人也很重要。她的父亲可以在她家里常住，她可以帮忙照看兄弟姐妹的孩子（前文），尽管她没有想着尽赡养义务，但她作为女儿凭借情感去支持与娘家的关系。

（三）老年人的手机

老年人使用手机主要和在外打工、工作、学习的子女联系，他们其中一部分属于空巢老人，确切地说他们用手机是为了接听子女的电话，好让子女感到放心。

> 电话一开始是政府有，村里有。我不喜欢用手机，是小孩在外面，他们要找我，逼我要，我才用了几年时间。平时接他们电话。我有三个姑娘，一个仔是贵大毕业的，在县建设局工作，大姑娘在妇联，二姑娘在茶叶公司，三姑娘在雷山开了一个电脑门市部。[①]

> 女儿出嫁两个在西江，两个在外省，平常有事都打电话，问问两个老人身体好不好，半个月，二十多天就打了，有时也给他们打，问孙孙好不好。现在电话都好了，在北京、黑龙江都可以打。现在有电话了，感觉姑娘就在身边了，听声音就跟见面一样，没那么远了。两个儿子一个在农家乐打工，一个在做点小卖部生意。外面的大老板搞大农家乐，西江的人搞小农家乐，现在西江搞农家乐的家里条件好点。平时他们没有时间上来就打电话。[②]

> 老三、老四在外面，一个月打电话一两次，问问我们在家好不好。我们没有什么事情不打，一段时间打来问问有没事情做啊，注意

---

① 调查笔记36：2011年1月25日，西江南贵。毛大爷，64岁，退休村干。
② 调查笔记53：2011年1月30日，西江东引。宋工邦，男，70岁，务农。

170

身体一下。(他们)每年过大年回来住十来天,又走了。平时打电话多的就是给外面的两个儿子,其他亲戚都在西江,家附近的,没必要打。[①]

四、矛盾的家庭代际关系:现代性的张力

家庭代际关系的状态已经不能用团结—冲突来概括了,现代社会的流动性使得代际关系的双方分别处于不同的空间,用手机维系的家庭代际关系的沟通本身具有矛盾性。

已有的研究围绕亲子关系的历时性展开代际关系的分析,认为父母与幼儿期的孩子之间首先是团结的代际关系,紧接着伴随着冲突,最后是矛盾的状态[②]。我们把这种研究策略应用于西江苗寨早期打工者群体,他们与父辈之间的关系由团结走向冲突,这里主要是思想观念的冲突,与父辈不同的是他们拥有开放的心态,能够走出乡村进入城市,这些早期打工者成为西江从封闭走向开放的领跑者。

随着这些人卷入现代化的进程,他们开始遭遇流动性带来的家庭代际关系的新变化,这种变化的关系并非朝向团结或冲突,而是夹杂着两者的矛盾关系:代际经济交换体现了这种矛盾性,早期打工者的子女在亲子互动方面的情感缺失只能用手机来弥补,而祖孙关系也成为一种理性的选择,此时早期打工者与父辈的关系看似团结,却又参杂着冲突,冲突主要表现在三代人之间的关系碎片化了,都不完整。

随着早期打工者陆续返乡,他们与子女之间又开始新一轮的矛盾,围

---

① 调查笔记 54:2011 年 01 月 30 日,西江东引。宋州开,男,64 岁,务农。

② Vern Bengtson, Roseann Giarrusso, J. Beth Mabry & Merril Silverstein, "Solidarity, Conflict, and Ambivalence: Complementary or Competing Perspectives on Intergenerational Relationships?", *Journal of Marriage and Family* 64, August 2002, pp. 568-576.

绕手机的代际冲突最终要转变为凭借手机的代际沟通，亲子关系的空间隔离不仅存在于早期打工者与下一代之间，而且存在于她们与娘家之间，他们与上一辈之间。

由代际冲突、代际交换到代际沟通，西江苗寨的家庭代际关系在交往层面表现出矛盾性。无论从结构方面解释还是从文化方面理解，都归于一种现代性的张力。①

代际关系（尤其是亲子关系）可以被区分为五大类型：紧密型（tight-knit）、社交型（sociable）、亲密有间型（intimate but distant）、责任义务型（obligatory）和疏离型（detached）……一个家庭的亲子关系遵循哪种模式，既受制于家庭凝聚力，同时也影响家庭凝聚力。家庭凝聚力包括三个中心维度，即：地缘邻近（即居住模式）、情感联络和代际支持②。

家庭代际关系的变迁遭遇现代性的张力突出表现在居住模式上，因为空间的隔离致使情感联络和代际支持的重要性凸显，手机作为一种代际情感联络的工具试图消解代际双方的时空间隔。这种趋势还被运用在以父系为中心的代际关系突破上，对于乡村女儿们来说，她们与娘家的隔离过去是没有办法消解的，如今以父系为中心的代际关系也"女性化"了，亲子分居两地也面临女儿与娘家的困境。所以伴随着家庭代际关系的理性化，出现了传统父系与现代女儿一方并立的抚—赡关系。

如果我们从文化方面来理解西江苗寨的家庭代际关系，那么以孝忠为核心的代际伦理观同结构方面的现代流动性也构成一种矛盾，这是一种流动的现代性与孝忠的传统性之间的矛盾，其结果造成家庭代际关系的矛盾性，至于这种变迁是否导致代际关系的疏离，是否引发代际关系的社会基

---

① 周晓虹：《冲突与认同：全球化背景下的代际关系》，《社会》2008 年第 2 期。
② 杨菊华、李路路：《代际互动与家庭凝聚力——东亚国家和地区比较研究》，《社会学研究》2009 年第 3 期。

础与价值基础的松动，则是西江苗寨面临的挑战之一，毕竟目前的家庭代际关系处于一种临界状态，随时都可能向某一个方向（团结或者冲突）转变，这也是西江现代化的困境之一。

第八章　社会空间的移动性

手机已经实现了"互联网+"的转型升级，经由手机互联网构建起来的网络空间已经实现了卡斯特（Manuel Castells）所谓的信息时代的网络社会空间组合。例如近年来我国积极推动的"智慧城市"建设，就是信息时代新城市生成的现实版。再如互联网所带来的时间和空间的重新排列组合，特别是空间方面，跨地区、跨国、全球化、跨界成为当今时代最具创新的形式。在"大众创业、万众创新"的新发展格局中，互联网经济的时代已经来临，各行各业均在瞄准互联网产业发展的新趋势，如电子商务的深入普及，改变了商品零售业市场的基本格局，甚至已经形成全球化电子商务网络。同时，伴随网民的产生，一种互联网精神正在慢慢地形塑，草根、现场、公共、多元、讨论、意见领袖……不断生成。虽然目前网络世界仍然处于发展初期，并不时有网络暴力、暴民的出现，但是从客观上看网络社会已经基本形成，已经具备一定程度上的信息化模式。

手机互联网时代，网络被赋予一种可移动性。这就好比给网络空间插上了一双翅膀。空间、移动、网络、社会就能凝结出多姿多彩的生活世界。在这一切未出现之前，人们主要以时间为主来安排社会生活。在传统社会中，岁时节气均按照农历排列，每一个时间节点均是社会生活的重要时刻，今天仍然受重视的时间节点包括春节、清明节、端午节、中秋节等。随着现代社会对时间的标准化不断强化，人们主要以空间来安排社会生活，所以才有乡愁、流动、公共、私人、工作空间、生活空间等这些空间划分。随着全球化时代的到来，越来越多的中国人走到世界各地，展开不同文化空间的探索，并使得我们与他们在地球的不同角落摸索着建立联系。今天，我还是我，但是我可能处于不同的语境之中，同时时间、空间均被消解了。一部纪录片中显示，每天早晨，在中国的父亲打开互联网，与他的妻子、儿女很自然地聊天、视频，虽然他的妻子、子女可能正在经历傍晚时光，并在另一个国家的家中准备好了晚餐，但是时间、空间几乎不能影响这种家的语境的发生。家庭的温暖、工作的投入、消费、娱乐、社交……不同语境构成了一种新的生活方式。

本章研究西江苗寨的社会空间，从移动性（mobility）的角度研究社会空间的变迁以及所反映出来的现代性问题。

对于社会空间的概念，学界从地理区域、社会关系、象征与观念、地方与全球化等若干视角进行了界定。我们认为，所谓社会空间，首先要表现其社会性（区别于物质、精神二分），即空间对于人这一主体的意义以及空间作为整体对于社会群体的意义；其次对空间本身进行界定，它不仅包括地理几何空间（如建筑、街道、村落、集市、广场、山脉、地区、城乡等），还包括宗教空间或观念空间（如祖先之地、神圣空间）、社会关系空间（如家庭、家族、亲戚、朋友、权力）。列斐伏尔（Henri Lefebvre）以威尼斯为例[1]，解释了社会空间概念，通过威尼斯的案例，我们也可以对照西江。西江同样在一开始是自然而然建立起来的，"不是构思在先的"。后来，西江得以被重新"规划"，直到西江苗民学会了民族文化旅游"风格"的机械复制本领。

关于社会空间的理论研究认为，作为物质、精神之外的"第三空间"，社会空间是理解社会的一种路径，社会存在的场所、主体间的权力关系、符号体系以及情感体验都可以通过社会空间来表达。

---

① 陆扬：《社会空间的生产——析列斐伏尔〈空间的生产〉》，《甘肃社会科学》2008 年第 05 期。

空间作为一个核心概念进入到社会理论讨论之中以列斐伏尔（Lefebvre）在 1974 年出版的《空间的生产》（法文版）为标志。他将空间分为三重：空间实践（spatial practices）、空间再现（represen-tation of space）和再现的空间（representational space）。从空间认知的主体经验而言，则有日常生活空间（lived space）、感知的空间（perceived space）和想象的空间（conceived space）与之对应。

列斐伏尔以后，关于空间理论的阐释沿着两条路径展开：一方面，吉登斯、布迪厄等在现代性架构下检视空间与社会的交互关系对于研究社会结构与社会过程的重要性；另一方面，后现代社会理论家采用一系列地理学概念和隐喻来探索日益复杂和分化的社会世界。前者的论述包括吉登斯对权力生产与时空结构关系的关注以及布迪厄在阿尔及利亚田野基础上对"社会空间"及其背后的"社会资本"和"惯习"的运用；后者的论述则以大卫·哈维（David Harvey）、詹明信（Fredric Jameson）、福柯（Foucault）为代表。

汉语世界的社会科学界中较早关注到空间理论的是台湾地区的建筑学者和都市社会学者夏铸九，他在 1993 年编辑出版了《空间的文化形式与社会理论读本》和《空间、历史与社会论文选（1987—1992)》两本书，对国外空间理论研究进行引入并结合台湾地区社会建设的实际进行论述。台湾人类学者黄应贵也在 1995 年主编了《空间、力与社会》的论文集，对台湾地区本土的社会空间的人类学研究文章进行结集出版，进一步推动了空间研究影响的扩大。

大陆学界对空间理论的关注也逐渐出现。包亚明主编的《现代性与空间的生产》和《后现代性与地理学的政治》等书较早系统地引入西方世界列斐伏尔以降直至大卫·哈维等人关于空间的理论论述。在理论的本土化尝试中，杨念群主编的《空间·记忆·社会转型》将空间关注引入区域社会史研究。而项飙在田野调查基础上写就的《跨越边界的社区：北京"浙江村"的生活史》一书中，原创性地发现"浙江村"这个城市中的聚落空间既不同于西方意义上的"市民社会"，也不同于中国传统的"民间社会"，从而在"国家与社会"的研究框架下提出"新社会空间"的概念。张鹂在《都市里的陌生人》（*Strangers in the City*）这一同样关注浙江村的民族志作品中，则明确将列斐伏尔的空间理论引入到中国经验的论述当中，结合来自外部的集权主义政府权力和内部生产的民间权力来观察浙江村中社会空间的生产逻辑与过程。①

近年来，在新文化地理学领域兴起了一股空间文化研究的趋向，在突破以往地理学、社会学、城市学等相关学科的限制的基础上，这种趋向将空间研究纳入"全球化与地方"的框架内，集中探讨空间权力、文学文本空间、后殖民空间、传媒空间、生产与消费空间等现代性问题。由此带来后现代、移动性等问题的理论探讨。②

但是已有的关于社会空间的文化研究很少涉及乡村视域，多数研究均将注意力集中在城市特别是大城市；同时很少在社会空间研究中加入时间的考虑而在社会变迁方面着力。在此本章从以上两方面着手并在移动性上考虑社会空间问题。第一是从全球—地方的理论视角看乡村社会空间；第二是从社会变迁看社会空间的移动性。

关于移动性，学界一般在阶层、认同、代差、旅游、移民等层面对其进行研究，这些研究将移动性定位于社会位置、物理空间、文化表征等方面，值得一提的是关于传媒移动性的研究将移动性与时间、空间、语境联系起来，突破物质、精神方面的移动场域的思维界限把移动性分为时间的

---

① 周如南：《都市冒险主义下的社会空间生产——凉山地区彝族人口的城市流动及其后果》，《开放时代》2013 年第 4 期。
② 彭兆荣：《后现代性与移动性：生态环境所面临的挤压——兼论旅游人类学视野中的"旅游文化"》，《河南社会科学》2007 年第 11 期。

移动性、空间的移动性及语境的移动性。

然而，传媒的移动性研究只将视野放在传媒本身而探讨传媒使用时的三种移动性问题：时间的移动性是指传媒对时间的压缩；空间的移动性是指传媒对空间的超越；语境的移动性更多的是针对传媒使用者超越时空的社会情景的概括。我们认为，如果从移动性的角度研究社会空间的变迁，不仅能够从新的角度研究社会空间，而且能够将时空与语境相结合，再加上社会空间理论方面的资源，就可以突破传媒移动性研究的表象，涉足更深层次的现代性问题。

西江苗寨的社会空间，在研究所建构的框架下，起初是：从整体上看，西江苗寨与周边村寨形成核心与边缘的文化空间格局；在西江苗寨的社会空间内部，无论是地理区域、社会关系还是象征空间都围绕着家族这个中轴转动，其中人们在社会空间的移动性上表现出一定的时间特征，即以时间为标准安排社会空间内的移动（流动），如岁时节庆、集市交易等。

在打工潮兴起以后，西江苗寨作为一个地方与全国形成一种内地与边疆的地理（更是经济上的）空间格局；在西江苗寨社会空间内部都围绕打工（行动）运行，在移动性上则自然体现了空间的移动（城乡空间），这种移动像时间的移动性一样，在社会空间内进行。

如今旅游业的发展特别是手机的普及使得西江苗寨的社会空间在外部的格局模糊化了，在内部随着时空的延展与压缩，人们在移动性上更多的是语境的移动（城乡、家庭成员间），在社会空间方面都围绕旅游业而起（如商品生产与消费空间）。

从家族、打工行动到旅游业，西江苗寨生产了不同的社会空间，人们在这些空间里进行着时间的、空间的、语境的移动，这种移动性增强的趋势是走向现代性的表征。这标志着地方化与全球化的持续互动，特别是城乡、内地与边疆互动的加强，这是西江苗寨现代化的过程之一方面。

一、文化的核心：家族空间与
西江苗民时间的移动性

改革开放以来至西江苗寨打工潮兴起前（1986—1995年），西江被认为是一个文化中心。西江不仅是雷山县级以下的中间市场，周边乡镇在经济交易上以西江为中心，而且在文化心态上西江苗民拥有一种优越感，与周边侗寨比较自不必说，就是与附近其他苗族支系比较，西江苗民也有一种优越感。这种优越感一方面表现在人们的经济条件方面，另外还包括日常生活状态，例如饮食、居住、卫生条件、语言、交往等方面。

> 那时西江的人没有现在多，那时来旅游的人少，有少数外国人。那时生活一般，比毕节那边好，那边米饭都没得吃。我上高中时西江通电了。[①]

在这样一种空间格局下，以教育为例，西江曾经将周边的小学集中在一起成立西江中心小学，除了初中，西江还成立过两届的高中部，后来由于师资问题归入雷山县。从教育资源的整合来看，西江无疑成为一个中心地区。至于为何西江苗寨能够成为一个中心地区，诸多原因中最主要的还是在西江苗寨聚集居住着千户的人家，这是周边任何一个村寨都不可比拟的，后来西江苗寨旅游业的发展也依托这样的规模效应。

在打工潮兴起以前，西江苗寨虽然成为一个地方的中心，但是封闭仍然是改革开放后西江苗寨面临的一个重要问题。在这种封闭的空间里，人们围绕西江苗寨这个中心生活。以乡村集市为例，我们可以看到，西江逢五、七天赶场一次，赶场时周边乡镇村寨的居民都来交易买卖，早晨这些

[①] 调查笔记9：2011年1月17日，西江南贵。李江，男，40岁，鞋匠。

人背驮着货物走山路来到西江市场，中午卖完货物同时购买一定的物品后，他们在西江的亲戚家里歇脚串门吃饭，下午回家。一些信息都可以通过这样的定期的日常集市活动进行传播，这是一种社会空间里的移动性。

> 那时街上有供销社，专门出售生活用品，还有几家也是卖这些东西的，私营的。也东那一家是最大的，还有缝纫社，旁边还有电影院。镇政府、食品站、小学、工商所、税务所，农业银行。基本上（街上）就是农户自己家住的。以前赶场去上面，现在去信用社那边。那条路一块专门卖菜，一块专门卖衣服，一块专门卖木炭，平寨下面那一块专门卖猪卖鸡。一到那时税务的就来收那个税，还提着喇叭来宣传。①

对于西江苗寨的人来说，他们凭借集市的优越性可以向更远的地方移动，比如凯里市，这是经济水平差异的表现。而日常生活中，西江苗民主要以时间为标准进行农业生产，他们叫上坡。分田到户以后，苗民的生产力得到解放，他们主要是从土地里寻求生活，由于山地农业的特殊性，上坡意味着早出晚归，甚至在农忙季节还要在地里临时居住，早晨苗民带上午饭就上坡去了，中午在地里吃饭、休息，下午做完活计后傍晚割些猪草回家喂猪，并在菜地里拿些蔬菜回来准备晚饭。上坡的人家很多，日常信息都可以在这样的热闹场合沟通，这也是一种社会空间的移动性。

西江的草医蒋大叔从医生的角度对比了往今人们活动量的减少。

> 过去的病很少，主要是肺结核、肝炎、跌打损伤、毒蛇咬伤、感冒痛肚。现在病多了，流感、结核、肝炎、麻疹、天花、腰椎间盘突出、关节炎、痛风、中风瘫痪。感觉病都是吃出来的，经济富裕，吃的复杂了，病就多了。另外也是天气变换的原因，过去也是冷，但就

---

① 调查笔记39、39-1：2011年1月25日、2月5日，西江南贵。毛江，男，35岁，打工返乡后经营农家乐。

两三天就出太阳了，不像现在了。现在人干活也不多了，没多少人上坡去做了，以前人天还没亮都上坡了，（现在）人的活动量也少了。①

在岁时节庆、婚丧嫁娶期间，苗民以家族、亲戚为基础展开社会空间的交往和移动，不仅在西江苗寨的不同村寨间，而且在周边各村寨间进行。以上所举各种日常生活的空间及移动基本涵盖了主要的形式，另外也有苗民以参军、学习、选派等体制内的方式向西江外的社会空间移动，但是这些形式仍然属于少数人的行为。主要的移动最大的特点在于其时间性，无论是集市时间、耕作时间还是节庆时间，这些移动囿于以西江苗寨为中心的一定的地区之内，人们生于斯长于斯的这个地方同时又是以家族为中心生产出的社会空间，可以说这是一种封闭的地方空间。

二、地理的边疆：打工潮与
苗民空间的移动性

打工潮的兴起使得西江苗寨逐渐空心化，苗民外出城市打工是一种地理空间的移动，在城市的打工生活让苗民感受到家乡的存在，这种空间的结构化存在于很多文学文本中②，离开家乡在外地生存而后返回家乡，这样的模式生产出了一种城乡地理空间，它表明西江苗寨作为一个地理的边疆与城市特别是中心城市的比照。此时西江苗民的社会空间主要以打工这一社会行动为中轴进行生产，对于一个家庭来说，西江苗寨的吊脚楼已经被城市工厂里的宿舍代替，家庭成员分隔两地，家庭的完整性只体现在他们苗年节返乡的时候。在这种社会空间里，人们的移动性主要是地理空间的移动，从家乡到城市，在城市里以及不同城市间移动。正如返乡苗民所

---

① 调查笔记 31：2011 年 1 月 24 日，西江羊排。蒋医生，男，48 岁，草医。
② 参见〔英〕迈克·克朗：《文化地理学》，杨淑华、宋慧敏译，南京大学出版社 2003 年版。

说，回到西江才真正结束了漂泊的生活。

> 一个人出去那么长时间，回来看到家乡还是用牛犁田，以前小时候老爸他们说以后会用拖拉机了，不用牛了，但现在还是用牛，因为我们的地理环境是这样的，现在说国家拨了一笔钱来修公路到田里，这个很好。（父亲插话：我儿子他们现在搞装修都是机器化了，不是光用手工搞了，以前一天一扇门，现在一天几扇门了。）2003 年时国家输电网改造，外面输电过来对我们农村帮助很大，可以用打米机、电饭锅、电炒锅，烤火都用电了，这样我们也不会去破坏森林。①

杨表达了一种美好憧憬与现实的距离感。他自己也找到一个合适的理由来寻求安慰。外与内的矛盾在此显现。杨父亲的话表明内的变化发展还是有的。后来杨赞扬了农村电网改造。他问我，像西江这样的山区以后会有机械化的农业生产吗？实际上，杨忽略了很多很多生活的面向，还是以土地为中心思考家乡的过去、现在、未来。或许正是这一点才能证明土地在农村的重要性，它把旅游比下去了，它把山林业比下去了，它甚至把农民的小生意也比下去了。他们回来了，后辈怎么样谁也估计不准。

如今对于新一代西江苗民来说，打工依然是他们的生活选择，他们属于新生代农民工群体（2000 年以后外出务工群体）。他们在城市与乡村之间不断地移动，维持着西江的打工潮与边疆认知。从西江早期打工者开始算起，父辈的打工足迹遍及全国。从东北到内蒙古，从广东到江浙，他们在打工的过程中不断地将西江与外面的地方做比较，这种比较消解了以往建立起来的西江苗民的优越感，特别是在经济条件上他们看到了差距，当然苗民也充分肯定了西江所拥有的好的地方，比如忠孝。

---

① 调查笔记 57：2011 年 2 月 1 日，西江羊排。杨开县，男，42 岁，打工返乡后从事建筑装潢。

西江这里贫富差距大不到哪里去，比不上广东那里，上亿都有，几十万、几百万都普及了。那个地方，钱再多也好，我觉得没有孝忠，没有人情味。我们这有钱没钱的，就是孝忠，不会那样对老人家的。广东只讲钱的。我们这里一个老人去世了，也是很隆重的，不会随随便便的。[1]

1997 年开始是来来去去，一个月两个月出去又回来种田，五六年时间。那时娃娃小，老人老，出也出不到远。回来又出到福建，去一个月最多两个月又回来，2007 年、2008 年又到广东湛江一年，算是最长的一次，下大雪那年回不来了，在工地。家里这边街上有变化了，后一年开旅发大会了。在外面生活好，在那个大工厂，老板给饭吃有菜有肉。下班后就休息。[2]

2004 年我们到福建打工，出去三年。年纪大了，我就回来了。在那样样都做，反正出去找钱。感觉痛快，老板包吃包住，自己就放心做事情了。现在也是想出去，但老了啊，不过在外面做活路，那些老板也是喜欢我们的，干活踏实。在外面打工看到人家吃的住的，我们差太远，觉得很惭愧。[3]

在打工潮前后，西江苗寨作为一个整体分别构建了两个不同的"他者"来反观自我。最先苗寨是以周边的村寨为他者来构建自己的优越感，这时西江是一个文化的核心；打工潮使得西江以内地为参照构建了自己所属的地理的边疆。但是，在西江苗寨社会空间内，苗民开始突破以家族为中心的模式，换言之西江苗寨社会空间的生产已经挪移至城市里，这也为后来返乡苗民超地理社会空间的生产奠定基础。当然这里强调的转变并非

---

[1]　调查笔记 48：2011 年 1 月 28 日，西江东引。董马良，男，38 岁，打工返乡后务农兼从事马帮。

[2]　调查笔记 50：2011 年 1 月 29 日，西江东引。宋军，男，50 岁，打工返乡后务农兼临时工。

[3]　调查笔记 54：2011 年 1 月 30 日，西江东引。宋州开，男，64 岁，务农。

是一种模式向另一种的转变，而是一种中心的转变，重点的转移。

对于西江苗寨的社会空间来讲，打工潮下的苗民留守人员主要是老年人和儿童，他们在西江苗民的主体上占少数，在社会空间的生产及在其内的移动性方面，他们依然沿袭打工潮之前的家族模式与时间的移动性。但是，这种社会空间模式以及时间的移动性是不完整的，主体的缺失不仅成为西江日常生活的重要特点，而且成为社会空间里人们日常生活的一个问题。因此，打工潮下的西江苗寨在社会空间生产方面是缺失的，苗民在西江苗寨的移动性因主体的缺失而消散。

三、旅游业、手机与语境的移动性

（一）个体层面社会关系的空间

在旅游业不断发展的西江苗寨，个体层面社会关系的空间主要是以职业为中心进行生产，值得注意的是如今返乡苗民对于超越地理空间的社会关系的生产，手机作为一种工具维系了这种在城市建立起来的社会关系。返乡苗民除了家族、亲戚，就只认识同学、朋友，而还有很多朋友不在家。他们常年在外打工一旦回到家里，往往感觉到陌生，相对地在城市结成的社会关系使他们更加怀念。侯誉桥讲到了他回家的感受，手机使他能够保持原有的跨地理空间的社会关系。而这是一种语境的移动性。

> 回到家后，同辈的人认识一些，上一辈也认识些，小一辈的就不认识了。同学间有的认识，有的学名都叫不出来了。在家（手机）联系多的，就是平时认识的那些，同学也很多不在家的。感觉在广州那边朋友多，到哪都不愁吃的，在外面都不陌生，回广州就像回家一样，回到家反而陌生了，走广州的路比家里的路还熟悉些。在家打电话基本都是打回广州那边，在家里这边联系的人比较少，人也很多不

在家，同学、朋友出去的多。除了做生意、买菜之外，我也没空联系人家。①

宋大婶夫妇两人目前在做打粑粑的生意，他们还想去打工，并多次提到广东的老板对他们很好，时常打电话叫他们去给自己看厂。

　　我 1990 年动一次（手术），2004 年动一次，到广东 2006 年、2007 年动过手术。在那边工薪不高，老板对我们两个很好。2008 年、2009 年才回家来，听说这里搞旅游了。大儿子回家找不到工作，没饭吃。我们就回来了。一回来老板天天打电话叫我们回去。他过年过节回家，我们帮他看厂。

　　宋特别回忆了在广东时发病治疗的情况，她被老板派车送到了医院并给他们承担了费用，她说他们两口遇到了好人。另外，宋的丈夫也强调这一点，不同的是他也为自己做了解释，他说在广东一到春节，他们两口就给老板看厂子，获得了老板的信任。另外，他自己学习的机电维修技术也给老板节省了很多资金，因为他掌握了这门技术，他们在广东的生活渐渐好转。②

（二）家庭层面日常生活状态

如今随着西江苗寨非农职业的多元化，很多家庭内部成员之间从事不同的职业，这样家庭的日常生活状态就发生了改变，家庭成员分散在西江苗寨的各个地方，手机则起到一种协调日常生活的功能，这种家庭空间的碎片化造成空间里的家庭成员只能通过手机展开一种语境的移动性。

----

　　①　调查笔记 15：2011 年 1 月 19 日，西江平寨。侯誉桥，男，39 岁，打工返乡后从事餐饮业。
　　②　调查笔记 3：2011 年 1 月 15 日，西江平寨。宋萍，女，41 岁，打工返乡后从事旅游业（餐饮）。

手机的日常生活协调功能。

手机现在大家都基本有了。日常生活很必要，连上坡去也很需要。天黑了，怎么还没回来，是不是遇险了，打个电话问一下。家里田没扒水啊，就打电话让别人谁在的帮忙走到我家（田）帮我扒一下水，就不用去了，就解决了。家里有什么事啊，叫房族兄弟来喝酒啊，打个电话也方便。

反正老人一个月四五十块钱也就够了，他们打得少，主要接我们的电话嘛。（父亲插话：如果我老人家在家，我家舅要结婚了，我身上没钱，几个仔也在外打工，我就打个电话说，让他们寄点钱过来，他们那边马上就得了。）①

对于一个家庭内的成员来说，手机的保持联系功能能够使得他们处在持续的移动中。

我（消防站工作）有三个小孩，两个儿子，一个女儿。大儿子在贵阳大学毕业，现在考取了雷山县的公务员，在财政局工作。二儿子去浙江那边打工了。一个女儿已经出嫁了，有一个小外孙，现在女儿带着小外孙跟我们住在一起，方便，她在观景台那上面搞个拍照的小生意。我老婆也在下面景区那里搞清洁的。②

这里李宝一家五口人，有三口人都在从事与旅游多少有些关系的工作。消防、卫生、拍照。同时，这个家庭常住的三口也分在不同的地方工作，李宝要在博物馆对面的消防站，老婆要山上山下的扫地，女儿则一天都在观景台上揽客照相。日常生活中手机也参与到这种新的生活方式当中。

---

① 调查笔记57：2011年2月1日，西江羊排。杨开县，男，42岁，打工返乡后从事建筑装潢。

② 调查笔记60：2011年2月6日，西江南贵。李宝，男，50岁，消防联络员。

　　比如说上坡，过去上坡坡上都是人。有什么事情，别人帮忙很容易解决。现在上坡，人不多，安全是家里担心的一点。另外，有什么东西忘了，家里要你回去了，或者是其他琐事，只能靠来回跑解决。这就造成了一种手机依赖。手机连着一个人，也把这个人连向家庭、亲属、社会。①

（三）旅游空间的生产：社会的移动性

　　西江苗寨作为一个旅游区，新的旅游空间的生产成为如今西江的特色。正如文中已经论述到的西江苗寨山上与山下的社会分化，这种分化一方面是社会关系的分化，另一方面在于西江苗民生活空间与旅游空间的分化。山下的旅游空间主要包括从寨门开始，沿着白水河一路所建起的农家乐、酒吧、宾馆、酒店以及演出场等主要的景区设施。

　　在旅游空间里，人们的存在本身意味着移动性，旅游作为一种移动实际上是针对游客来讲的②，除了游客，旅游业的从业者（特别是来自外地的从业者）作为旅游空间的主体之一也表现出一种移动性，这种移动性与移民的情况相似③。

　　从旅游空间的角度看，西江苗寨作为一个整体又从一个地理边疆变为一个类似于打工者所集中的城市，从而成为一个边疆里的中心。所以，从整体上来看，西江苗寨作为一个地方已经变得模糊了，它并非完全是一个民族地区的文化中心，也不完全是一个具有内部东方主义的地理边疆④，同时也非真正意义上的城市。

---

　　① 调查笔记60：2011年2月6日，西江南贵。李宝，男，50岁，消防联络员。
　　② John Urry, "Mobility and Proximity", *Sociology*, BSA Publications Ltd., Vol. 36（2），2002, pp. 255-274.
　　③ Adrian Favell, Migration, "Mobility, and Globaloney: Metaphors and Rhetoric in the Sociology of Globalization", *Global Networks* 1, 4, 2001, pp. 389-398.
　　④ ［美］路易莎：《少数的法则》，张辉译，贵州大学出版社2009年版，第96页。

如上所述，西江苗寨社会空间内苗民的移动性主要表现在语境的移动性上，从个体层面到家庭层面，再到社会层面，这种移动性区别于之前的时间的、空间的移动性，它主要存在于碎片化的社会空间里。如今西江苗寨的社会空间主要以旅游业为中心，这种旅游空间是碎片化的，它使得西江苗寨作为一个地方具有移动性，当然这种移动性包含了时间的、空间的以及语境的移动性。

西江苗民作为旅游业的从业者也可能以旅游业为标准进行移动，例如西江政府组织的成都考察。

> 现在政府规划不好，叫我们去成都，叫我们去那里考察。说我们做生意不自觉，去看看人家怎么做的。

> 成都考察，是政府为了发展旅游，处理政府与当地老百姓的紧张关系，做出的安排。去成都考察的都是做旅游生意的"问题户"，侯是做出租苗服照相生意的，他也去成都了。后来他们在成都住宿，和他同住一个房间的政府办事员透露，这次来"考察"的都是像你们这些难办的经营户，政府要你们看看别人地方都是怎么搞生意的。侯才了解政府安排这次考察的真正意图。

> 宋做打粑粑的生意，他们一开始是在景区主路上摆摊设点，后来领导视察，感觉这些经营户在主路上影响景区环境，像集贸市场一样不美观，结果当地政府就在南贵的山脚下用木材与树皮搭起"原生态"的棚子然后隔开给这些卖旅游纪念品的、做服装出租的、做小吃的经营户。这引起了他们不小的不满。如今，这些人很少在山脚下经营，而是在景区入口的街道两边、赶街市场的街道两边摆摊设点，照相的就到处乱串揽客，后来干脆还在表演场外的广场经营、揽客。现在景区更"乱"了。他们开玩笑说，政府掏钱我们去成都也旅游一回了。政府对于旅游空间的设计也引发了当地社会问题，从而在策略上使得苗民能够以"考察"的方式化解矛盾，这种方式也是一种

移动性。①

四、社会空间里的移动性：
西江苗寨的现代化

　　吉登斯的现代性理论曾经以时空为标准探讨了现代性所体现的时空的延展与隔离，他的论述含有全球化与地方的关系问题，现代性所代表的全球化意味着地方的事务与远距离的外面世界的千丝万缕的联系，现代科学技术使得时间的压缩与空间的延展，手机就是一例。在时间与空间扭曲的情况下，全球与地方也呈现出新的联系。

　　新文化地理学就这个问题与现有的社会理论展开对话：全球化的空间是否意味着地方的消解？② 西江苗寨的社会空间由地方性的家族模式转变为城乡间的打工模式，而后又以旅游业为基础生产出西江的旅游空间，这种社会空间的变迁包含着苗民移动性的不断丰富：从时间的、空间的到语境的移动性的跌宕。

　　西江苗寨的地方性与全球化在这样的社会变迁中不断地融合同时又进行地方空间的生产，地方作为一种文化区域没有消解于全球化之中。西江苗寨通过一种文化空间的生产机制来构建这种地方性。想象的共同体③机制既包含一种"历史重写本"的文化空间生产机制，又包含文化传播的机制。

---

　　① 调查笔记 3：2011 年 1 月 15 日，西江平寨。宋萍，女，41 岁，打工返乡后从事旅游业（餐饮）。调查笔记 13：2011 年 1 月 18 日，西江平寨。侯振，男，38 岁，打工返乡后从事旅游业（照相）。

　　② ［英］迈克·克朗：《文化地理学》，杨淑华、宋慧敏译，南京大学出版社 2003 年版，第 144 页。

　　③ 参见［美］本尼迪克特·安德森：《想象的共同体——民族主义的起源与散布》，吴叡人译，上海人民出版社 2005 年版。

对于前者来说，西江苗寨的地方性是不断地再创造的结果，例如西江苗寨以新的吊脚楼为标准，在保存老的吊脚楼的基础上，用完全清除砖房（表征他者）的方式来使得空间民族化；而对于文化传播而言，西江苗寨的"出现"实际上得益于早期外国旅行者和学者的作品，这一点与"香格里拉"有些相像，另外在旅游业发展的关键时刻西江苗寨利用文化名人的作品继续这种文化传播下的空间生产。

同样，西江苗寨的地方性的反面来自于全球化，如前所述国外旅行者和学者本身就代表着全球化的势力，如今西江苗寨围绕旅游消费而形成的地方更多的富有一种全球化的味道，这种全球化的极端本质上也是一种地方化，即美国化。总之，以上由社会空间里的移动性所体现的西江苗寨的现代化与苗民的现代性，是一种地方与全球化互动的结果。

结　论

一、手机给苗民带来了什么？

在西江，我们能够通过手机看到苗民的经济分化、流行文化模仿与生产、家族、社交、爱情、代际关系及社会空间。在这些生活面向中，手机表征了经济资本、文化资本、社会资本。

二、苗民社会变迁的机遇与挑战是什么？

西江社会变迁的机遇与挑战并存。

一是经济分化的机制变迁。西江发展民族文化旅游，打破了原来的打工经济结构，给西江经济社会发展带来了新动力，给苗民改善生活带来了新机会。谁抓住了机会，谁没有得到机会？最简单的划分就是居住的地理位置，这与苗民的宅基地、土地有关。所以，经济分化的机制转变为以土地资本为核心的新贫富生产方式。除此之外，组织资本、文化资本同样在苗民经济分化中起到一定的作用。本质上讲，经济分化的机制反映了经济社会发展的模式，这种资源型经济发展方式必然会给西江带来挑战。首当其冲的是苗民的土地，其次是苗民的宅基地，存在被外来资本吞噬的风险，结果很可能是苗民逐渐离开西江，西江的空壳化，如同今天的丽江。

这样的确带来了旅游经济的发展，却永远失去了民族文化生存的土壤。

二是流行文化变迁。简单地说，西江苗民如今能够参与到民族文化旅游产品生产之中，一场表演、一碗酸汤猪脚粉、一张留念照片、一餐农家饭……这些皆是机遇，苗民能够慢慢学会用市场经济的思维同世界各地的游客互动。同时也是挑战，表演场上究竟有多少演员是土生土长的西江苗民？演出的节目又有多少是传承了苗民的文化？面对西江越来越多的"客栈"，有没有真正想起苗家吊脚楼的成分有几许？当有一天，丽江、大理、西江……开始同质化的时候，人们想起的只有嘈杂的酒吧、疯狂的邂逅、林立的商铺……这不是民族之幸，却是文化创伤。实际上民族文化如果在西江荒漠化，首要原因在于苗民的"离开"，这再一次提醒我们，文化是活的，它会在生命中消逝，也会在生命中生发。

三是家族变迁。西江没有哪个时期是如此地重视家族组织，因为家族背后有最为隆重的节日——鼓藏节（牯脏节）。所有人都能够认识到鼓藏节（牯脏节）之于西江民族文化旅游的意义，只有保持西江家族组织的持续发展，才能保证鼓藏节（牯脏节）的持续进行。所以，家族给苗民带来了惊喜，吸引成千上万的游客慕名而来。但是苗民也发现了家族生存与发展的瓶颈。家族内部理性化、外部发展空间的限制、活动领域的模糊均影响着家族发展。特别是苗民居住空间的固定，原本是保护西江的景观不被破坏，反而影响到家族聚族而居的文化习惯。另外，家族还要更多地服务西江民族文化旅游，这造成一种釜底抽薪的局面。最坏的结果会是家族生存和发展基础遭到破坏，而"家族"表演会成为一种替代，最终可能是旅游战胜了文化。

四是社会交往格局变迁。山上的西江苗民知道，山下的一切离他们的生活比较远，同时他们也懊恼自己没有与外人打交道的本事。"井水不犯河水"道出了两相安的格局。这个"外人"均是来西江投资经营的外地人，与他们交往的苗民可以说是具备经济头脑的"能人"。对于这些能人而言，西江处处是机会，而对于其他苗民而言，只能看着别人发财。西江这种社会交往的"并行不悖"只是一种临时状态，好的一面在于西江社会稳定，不好的一面在于西江社会的割裂或隔离。对于西江"山上"民族文化旅游发展规划来说，这是十分不利的因素，进而会缩短旅游者的"西江时间"，导致西江民族文化旅游成为"一条街"式的"短平快"游。这是所有人不愿看到的一幕。

五是爱情所彰显的公共生活变迁。西江传统公共生活中青年择偶是一大亮点。今天随着公共生活的淡漠，青年们又面临新的机会——参与西江民族文化旅游。这是西江的希望所在，更吸引众多的年轻人留在西江，思考着如何实现他们各自的梦想，并积极行动着。当然，西江的青年们也是最脆弱的群体，除了青春，没有什么资本去投入，所以他们只有依附外来资本参与西江旅游产业，或者做个小本买卖以积累经验和经济资本。如此想来，这些年轻人不就像我们社会中大多数年轻人一样吗?! 我遇到过积极进取的年轻苗民，无论是经营一家小餐馆，还是耐心地照看羸弱的母亲并支撑起那个家，他们都令人敬佩。当然我也遇见了事情的反面，无论何种形式的反面均会腐蚀西江民族文化旅游的良好社会基础。

六是家庭代际关系的变迁。三十年前"叛逆的一代"已经返乡多年了，他们仍然是西江民族文化旅游的中坚力量。越来越多的西江苗民结束了"流动"的生活，迎来了家庭生活的完整。他们的心能够得到家庭的慰藉，哪怕再辛苦，一家人在一起就能应对。但是西江又成为新的不完整家庭的始作俑者。越来越多的女孩远嫁西江，她们时刻想念着家乡的一切，那是她们的娘家。同时，我们也应该看到西江苗民也还在进行着城乡流动，这种"团结、冲突、矛盾"的代际关系还会持续下去。老人们除了参加西江寨门的迎客仪式，偶尔接受新闻媒体的长枪短炮，跳起他们小时候的舞步，竟没有了其他使命。尊老敬老的社会风气建基于老人文化传承的历史使命，民族文化旅游不能涸泽而渔。

七是西江社会空间的变迁。西江曾经是文化的核心，是地理的边疆。因为是文化的核心，才能逐渐发展成为一个千户聚居的苗寨。因为是地理的边疆，苗民才会千里迢迢去东南沿海找钱。如今西江是什么？既不是文化的核心，也非地理的边疆，而是民族文化旅游的空间。一年到头，人头攒动，游客、投资者、苗民……西江就像一个舞台，苗民是演员，游客是观众，无论戏演得好还是坏，观众的口味永远不会固定，演员也不会永远红下去。谁在主导着大众品味和文化风格？是全球化还是地方化？这自然而然回到民族文化旅游发展的老套问题上，民族文化与旅游的关系问题。西江民族文化旅游主要是以政府主导为发展模式，苗民的因素似乎应该给予考虑，民族文化传承具有优先地位。

三、苗民生活会走向哪里？

苗民的生活会走向哪里？由此及彼，我们也问自己：我们的生活会走向哪里？

我们也在为房子而悲欣，有的人因为房子成为新富，也有人为了房子成为新贫。我们也在做土地的文章，资源节约型、环境友好型经济发展方式也促使我们重新审视我们的城市化。

我们的文化呢？因为太美国化了，好多人没有了"文化自觉"。实际上美国化也只是一种表象，本质上我们既失去了自觉，又不了解他文化，又何谈美国化？欧洲化？

今天家在人们心中。家究竟承载着多少人的情感、纠结、悲欢、离合？家又是多么地残缺、冷漠、完整、温馨？太多的人忙着他们认为极其重要的事情，竟淡忘了家？！

今天的社会已经病了，隔离、撕裂、脆弱……我们应该好好交流一下了，不分彼此，没有区别，更不应该有歧视。社会交往的圈层化不是自发形成的，而是社会阶层的固化，少一些"二代"就会多一些体谅。

年轻人和老人不应该被"歧视"，他们是社会的明天与昨天。年轻人以青春为资本的时代一定会到来，这需要未来的老人们为他们开创一片崭新的天地，有梦想就有明天的新天地。当然，他们会报答老人们的。

人是最值得重视的，相对而言，社会可能望尘莫及。每个人都有自己的一片天地，每个人都有生活的充足意义，值得尊重。这样能够看见人的社会才是有人味儿的。

西江的未来如何？你们说了算。我们的未来如何？是一样。

附录　实地研究资料

一、调查提纲

现代化进程中西江苗族的社会转型与生活方式变迁——以乡村旅游开发和手机使用为主要线索的研究

Ⅰ　西江概况

一、西江千户苗寨的〔边界〕变迁

二、影响西江变迁的大事件〔1986—2010 年〕

三、划分打工（商品化阶段）、旅游开发（拥有阶段）、返乡（转化阶段）的时间节点

四、通讯史案例（手机之前）

五、其他

Ⅱ　入户调查

一、家庭状况

（一）入户访谈对象的姓氏、性别、年龄、民族成分、受教育程度、家庭常住人口、工作、除务农外是否做过其他工作、住处（平地、山区、交通是否方便、离集市远近等）、所属村落（及村小组或生产队）

（二）描述入户家庭的居住环境、位置、房屋结构、装修程度、房子花费、屋内摆设、重要电器及交通工具（包括摩托车、自行车等）（访谈员观察）

（三）家庭成员状况

（四）个人生活史

（五）其他

二、社会生活变迁与手机［15 条］

（一）情感方面：婚姻、家庭、亲属关系、初级群体

1. 传统婚俗（婚前、婚礼、婚后家庭）

2. 现在婚俗上的变化有哪些（婚前、婚礼、婚后家庭）

3. 变化的原因

4. 家庭中夫妻分工、互动方式、对子女的教育方式以前到现在的转变（手机介入后的变化）

5. 亲属（血亲、姻亲、代际）间的传统交往方式，手机介入后的变化

6. 初级群体 传统的形成方式、互动交往、维系机制。手机介入后的变化

（二）职业

1. 传统的职业类别

2. 现在的职业类别

3. 变化的原因

4. 手机的介入对于当地主要经济方式产生的影响

（三）休闲娱乐

1. 传统的休闲娱乐活动

2. 现在休闲娱乐活动主要有哪些

3. 变化的原因

4. 手机的介入对于不同年龄层（青少年、中年、老年）人们休闲娱乐方式的影响

（四）公共活动

1. 社区中传统的公共活动内容（政府、民俗）

2. 社区中现在公共活动较之传统的内容变化

3. 变化的原因

4. 手机在其中起到的作用

（五）节日

1. 传统的岁时年节（时间、背景、内容、方式）

2. 现在的岁时年节（较之传统的各方面变化）

3. 变化的原因

4. 手机在其中的影响

（六）语言与交流

1. 传统的语言文字使用、交流方式（不同年龄层）

2. 现在的语言文字的使用、交流方式（不同年龄层）

3. 变化的原因

4. 手机在其中的影响

（七）教育

1. 家庭（传统与现代——对子女的教育方式〈沟通交流方式、主要的价值导向、具体的要求〉）［打工与留守子女教育］

2. 学校（早期学校形态，现在学校教育状况）

3. 社会教育观念（传统与现在的变化）

4. 手机在其中的影响

（八）消费

1. 传统主流消费观念；个人、家庭的主要消费支出（不同年龄层）

2. 现在主流消费观念；个人、家庭的主要消费支出（不同年龄层）

3. 变化的原因

4. 手机的消费倾向。（不同时段，不同年龄层）

5. 手机的介入对于整体消费观念的影响

（九）人情来往

1. 主要的传统人情往来事项、内容、形式、价值规范（如婚、丧）

2. 现在人情往来较之以往在各方面的变化

3. 产生变化的原因

4. 手机在其中体现的影响

（十）观念：时空，公私

1. 传统的时空观；人们对与公共与私人的界定。

2. 现在的时空观；现在人们对于公共与私人的界定。

3. 产生变化的原因

4. 手机在变化过程中所起的作用（手机的使用加速了时空抽离）

（十一）组织

1. 传统的组织包括哪些（政治、民间）

2. 现在社区中有哪些组织（形成、成员、互动形式、维系机制、主要作用）

3. 产生变化的原因

4. 手机的介入对其产生的影响或组织的变迁对手机驯化的影响

（十二）政府与市场：营业厅、基础设施

1. 不同时间节点中当地营业厅的设立、运营情况

2. 不同时间节点中政府的基建情况

（十三）宗教

1. 该地区传统宗教情况

2. 现在宗教信仰各方面的变化

3. 变化的原因

4. 手机在其中的作用影响［互动］

（十四）分层（不同时间节点）

1. 该地区传统的社会分层模式（分层的要素、分层的作用、不同阶

层的价值导向……）

2. 现在的社会分层模式

3. 变化的原因

4. 手机作为社会分层要素的介入影响

（十五）社会控制

1. 该地区传统的社会控制模式

2. 现在的社会控制模式

3. 变化的原因

4. 手机在其中的影响；现代社会控制对手机使用的影响

二、调查笔记汇总

序号	调查笔记序号	调查日期	地点	姓氏	性别	年龄	工作情况	备注
1	3	20110115	西江平寨	宋	女	41	餐饮	4353
2	5	20110116	西江羊排	李	男	36	印章篆刻	4234
3	6	20110116	西江南贵	李	男	41	农家乐	4365
4	7	20110117	西江羊排	杨	女	22	务农兼餐饮	0983
5	8	20110117	西江平寨	李	男	54	交通协管	0880
6	9	20110117	西江南贵	李	男	40	鞋匠	1660
7	10	20110117	西江平寨	刘	女	35	餐饮	2392
8	11	20110117	西江羊排	李	女	31	农家乐	—
8	11-1	20110117	西江羊排	李	男	46	政府工作人员	2134
9	12	20110118	西江羊排	李	男	37	务农	2525
10	13	20110118	西江平寨	候	男	38	照相	2415
11	14	20110119	西江平寨	唐	男	36	务农兼临时工	1907
12	15	20110119	西江平寨	侯	男	39	餐饮	3026
13	16	20110119	西江东引	董	男	20	旅游业（演出）	1257
14	17	20110120	西江南贵	顾	男	39	务农兼临时工	1653

续表

序号	调查笔记序号	调查日期	地点	姓氏	性别	年龄	工作情况	备注
15	18	20110120	西江平寨	杨	女	50	餐饮	1793
15	18-1	20110120	西江平寨	杨	女	42	餐饮	—
16	19	20110120	西江平寨	陆	男	74	务农	0549
17	21	20110121	西江南贵	李	男	48	村干兼农家乐	1044
18	22	20110121	西江平寨	侯	男	29	务农兼木工	2083
19	23	20110121	西江平寨	侯	男	64	病残返乡	1128
20	25	20110122	西江羊排	李	男	36	邮政	2002
21	26	20110122	西江平寨	宋	男	47	临时返乡	1773
22	27	20110122	西江平寨	杨	女	45	—	
22	27	20110122	西江平寨	蒋	女	40	务农兼旅游岗	2296
23	28	20110123	西江平寨	李	男	49	务农兼照相	1149
24	29	20110123	西江平寨	侯	男	37	务农兼马帮	2166
25	30	20110123	西江羊排	—	男	—	寨老	0593
26	31	20110124	西江羊排	蒋	男	48	草医	2311
27	32	20110124	西江羊排	唐	男	50	村干	2306
28	33	20110124	西江平寨	陆	女	22	卫生院	3337
29	36	20110125	西江南贵	毛	男	64	村干退休	1211
30	38	20110125	西江南贵	毛	男	50	务农	0999
31	39	20110125	西江南贵	毛	男	35	务农兼农家乐	1866
31	39-1	20110205	西江南贵	毛	男	35	务农兼农家乐	4798
32	40	20110126	西江南贵	毛	男	37	建筑业	2825
33	42	20110126	西江东引	宋	女	40	务农兼农家乐	0973
34	43	20110127	西江东引	宋	男	70	务农	0963
35	44	20110127	西江东引	宋	男	54	务农兼马帮	1006
36	45	20110127	西江东引	侯	女	48	务农兼清洁员	1163
37	46	20110127	西江东引	宋	女	31	务农兼餐饮	1356
38	47	20110128	西江东引	宋	男	48	临时返乡	2525
39	48	20110128	西江东引	李	女	30	-	-
39	48	20110128	西江东引	董	男	38	务农兼马帮	3588
40	49	20110128	西江东引	夏	女	38	建筑业、餐饮	2315

续表

序号	调查笔记序号	调查日期	地点	姓氏	性别	年龄	工作情况	备注
41	50	20110129	西江东引	宋	男	50	务农兼临时工	1821
42	51	20110129	西江羊排	李	男	72	教育站退休	1943
43	52	20110129	西江羊排	侯	男	57	纠察队	1176
44	53	20110130	西江东引	宋	男	70	务农	1598
45	54	20110130	西江东引	宋	男	64	务农	2606
46	55	20110130	西江东引	宋	男	40	文化站	2919
47	57	20110201	西江羊排	杨	男	42	建筑业	5378
48	58	20110205	西江羊排	李	男	45	务农兼临时工	1543
49	60	20110206	西江南贵	李	男	50	消防员	1707
50	64	20110209	西江羊排	侯	男	42	小学教师	6343
50	64	20110209	西江平寨	陆	男	40	小学教师	–

参 考 文 献

一、中文文献

吴毅：《村治变迁中的权威与秩序：20 世纪川东双村的表达》，中国社会科学出版社 2002 年版。

黄宗智：《华北的小农经济与社会变迁》，中华书局 2000 年版。

林耀华：《金翼——中国家族制度的社会学研究》，庄孔韶、林宗成译，生活·读书·新知三联书店 2008 年版。

阎云翔：《私人生活的变革：一个中国村庄里的爱情、家庭与亲密关系（1949—1999)》，上海书店出版社 2006 年版。

阎云翔：《礼物的流动——一个中国村庄中的互惠原则与社会网络》，上海人民出版社 2000 年版。

周晓虹：《传统与变迁——江浙农民的社会心理及其近代以来的嬗变》，生活·读书·新知三联书店 1998 年版。

宗晓莲：《西方旅游人类学研究述评》，《民族研究》2001 年第 3 期。

肖洪根：《对旅游社会学理论体系研究的认识——兼评国外旅游社会学研究动态（下）》，《旅游学刊》2002 年第 1 期。

张继涛：《乡村旅游社区的社会变迁》，华中师范大学社会学院博士学位论文，2009 年。

李伟：《文化边缘地带旅游业的发展选择》，《民族研究》2004 年第

2 期。

马翀炜：《文化符号的建构与解读——关于哈尼族民俗旅游开发的人类学考察》，《民族研究》2006 年第 5 期。

吴必虎、余青：《中国民族文化旅游开发研究综述》，《民族研究》2000 年第 4 期。

王毅杰、童星：《流动农民社会支持网探析》，《社会学研究》2004 年第 2 期。

李强：《中国外出农民工及其汇款之研究》，《社会学研究》2001 年第 4 期。

周晓虹：《流动与城市体验对中国农民现代性的影响——北京"浙江村"与温州一个农村社区的考察》，《社会学研究》1998 年第 5 期。

蔡志海：《农民进城——处于转统与现代之间的中国农民工》，华中师范大学社会学院博士学位论文，2006 年。

张继焦：《外出打工者对其家庭和社区的影响——以贵州为例》，《民族研究》2000 年第 6 期。

马戎：《外出务工对民族混居农村的影响：来自内蒙古翁牛特旗农村的调查》，《社会》2010 年第 3 期。

［美］伊锡尔·德·索拉·普尔：《电话的社会影响》，邓天颖译，展江校，中国人民大学出版社 2008 年版。

［美］保罗·莱文森：《手机：挡不住的呼唤》，何道宽译，中国人民大学出版社 2004 年版。

晓白、朝西、曾帅：《我手机：手机和它命名的时代》，广东教育出版社 2009 年版。

王佳煌：《手机社会学?》，学富文化事业有限公司 2005 年版。

张明新、韦路：《移动电话在我国农村地区的扩散与使用》，《新闻与传播研究》2006 年第 1 期。

汪兴东、郭锦墉：《农村居民手机购买行为及影响因素分析》，《老区建设》2008 年第 24 期。

张楠：《全球化技术对农村社区及农民生活世界的影响研究——以手机对许村的影响为例》，中国农业大学人文与发展学院硕士学位论文，2007 年。

王萍：《手机媒介传播：弥漫于空间——对手机媒介建构的空间结构的探析》，《西南民族大学学报（人文社科版）》2007 年第 10 期。

李亚玲：《手机媒体与农村信息化分析》，《传媒观察》2008 年第 10 期。

陆媚、贺根生：《手机在民族地区农村科技传播中的作用》，《科技传播》2009 年第 8 期。

杨善华：《城乡日常生活：一种社会学分析》，社会科学文献出版社 2008 年版。

舒瑜：《物的生命传记——读〈物的社会生命：文化视野中的商品〉》，《社会学研究》2007 年第 6 期。

陈治国：《徜徉于"分析"与"诠释"的思潮之间》，《读书》2011 年第 3 期。

黄健：《少数民族地区手机使用状况及其影响研究——基于贵州黔东南州西江苗寨的调查》，《民族论坛》2012 年第 6 期。

王铭铭：《"人生史"杂谈（之一）》，《西北民族研究》2009 年第 1 期。

王铭铭：《"人生史"杂谈（之二）》，《西北民族研究》2009 年第 2 期。

王铭铭：《"人生史"杂谈（之三）》，《西北民族研究》2009 年第 3 期。

彭兆荣：《田野中的"历史现场"——历史人类学的几个要件分析》，

《云南民族大学学报（哲学社会科学版）》2004年第5期。

杨民生：《中国第一批手机用户诞生在上海》，《IT时报》2007年11月16日。

朱炳祥：《社会文化变迁中的白族农民——大理周城村民段元参个人生活史研究》，《民族研究》2007年第2期。

贵州省地方志编纂委员会：《贵州省志地理志上册》，贵州人民出版社1985年版。

贵州省地方志编纂委员会：《贵州省志民族志上册》，贵州民族出版社2002年版。

西江镇政府：《西江镇基本情况简介》，2014年6月19日，见 http：//www. leishan. gov. cn/info/10571/225948. htm。

［美］Nelson Graburn：《人类学与旅游时代》，赵红梅等译，广西师范大学出版社2009年版。

吴必虎等：《中国民族文化旅游开发研究综述》，《民族研究》2000年第4期。

郑秀娟等：《民族文化旅游发展中家庭参与度解析——以云南泸沽湖地区为例》，《黑龙江民族丛刊（双月刊)》2014年第3期。

杨昌勇等：《黔西南州原生态民族文化旅游研究》，《贵州民族研究》2013年第4期。

甘满堂：《农民工改变中国——农村劳动力转移与城乡协调发展》，社会科学文献出版社2011年版。

郑杭生：《社会学概论新修》，中国人民大学出版社1994年版。

李淑贞：《现代生活方式与传统文化教程》，厦门大学出版社2003年版。

费中正、孙秋云：《文化研究内卷化的探索路径：一种民族志的视角》，《学习与实践》2011年第5期。

［日］村上春树：《碎片，令人怀念的 1980 年代》，南海出版公司 2013 年版。

杭州日报社：《村上春树新书〈碎片〉被称村上最有趣的书》，《杭州日报》2013 年 9 月 26 日。

旷晨等：《我们的八十年代》，广西人民出版社 2004 年版。

王绍光：《大转型：1980 年代以来中国的双向运动》，《中国社会科学》2008 年第 1 期。

贺桂梅：《"新启蒙"知识档案——80 年代中国文化研究》，北京大学出版社 2010 年版。

彭文斌等：《20 世纪 80 年代以来美国人类学界的中国西南研究》，《西南民族大学学报（人文社科版）》2007 年第 11 期。

中国民族博物馆：《西江千户苗寨历史与文化》，中央民族大学出版社 2006 年版。

米加宁：《社会转型与社会分层标准——与李强讨论两种社会分层标准》，《社会学研究》1998 年第 1 期。

李路路：《社会分层结构的变革：从"决定性"到"交易性"》，《社会》2008 年第 3 期。

吴愈晓：《家庭背景、体制转型与中国农村精英的代际传承（1978 —1996）》，《社会学研究》2010 年第 2 期。

李春玲：《当代中国社会阶层的经济分化》，《江苏社会科学》2002 年第 4 期。

仇立平：《回到马克思：对中国社会分层研究的反思》，《社会》2006 年第 4 期。

边燕杰：《市场转型与社会分层：美国社会学者分析中国》，三联书店 2002 年版。

刘欣：《市场转型与社会分层：理论争辩的焦点和有待研究的问题》，

《中国社会科学》2003 年第 5 期。

张宛丽：《非制度因素与地位获得——兼论现阶段中国社会分层结构》，《社会学研究》1996 年第 1 期。

边燕杰等：《社会分层与流动：国外学者对中国研究的新进展》，中国人民大学出版社 2008 年版。

范会芳：《转型期农村社会分层研究的新视角——以家庭为分层单位》，华中师范大学社会学院硕士学位论文，2002 年。

吴晓刚：《"下海"：中国城乡劳动力市场转型中的自雇活动与社会分层（1978—1996)》，《社会学研究》2006 年第 6 期。

荣荣：《流行文化的特征及其生成机制研究》，《天津师范大学学报（社会科学版)》2009 年第 3 期。

［英］雷蒙·威廉斯：《关键词：文化与社会的词汇》，刘建基译，三联书店 2005 年版。

［美］约翰·费斯克等：《关键概念：传播与文化研究辞典（第二版)》，李彬译，新华出版社 2004 年版。

高宣扬：《流行文化社会学》，中国人民大学出版社 2006 年版。

韦铀：《流行文化形成和传播机理解析》，《广西大学学报（哲学社会科学版)》2008 年第 4 期。

李兴武：《流行文化中的美学问题》，《社会科学辑刊》2002 年第 6 期。

夏建中：《当代流行文化研究：概念、历史与理论》，《中国社会科学》2000 年第 5 期。

孙瑞祥：《当代中国流行文化生成的动力机制———种分析框架与研究视角》，《天津师范大学学报（社会科学版)》2009 年第 3 期。

［美］戴安娜·克兰：《文化生产：媒体与都市艺术》，赵国新译，译林出版社 2001 年版。

王萍：《传播与生活：中国当代社会手机文化研究》，华夏出版社2008年版。

和沁：《保护民族大众文化实现民族文化可持续发展》，《云南民族大学学报（哲学社会科学版）》2006年第5期。

［英］E. 霍布斯鲍姆，T. 兰格：《传统的发明》，顾杭、庞冠群译，译林出版社2004年版。

高岭：《商品与拜物——审美文化语境中商品拜物教批判》，北京大学出版社2010年版。

［英］安吉拉·默克罗比：《后现代主义与大众文化》，田晓菲译，中央编译出版社2001年版。

麻国庆：《汉族的家族与村落：人类学的对话与思考》，《思想战线》1998年第5期。

江慧：《出世和入世：论家族和宗族的概念》，《上海大学学报（社会科学版）》2007年第7期。

陈德顺：《民族地区村落家族的特性分析》，《云南民族大学学报（哲学社会科学版）》2006年第3期。

杜靖：《百年汉人宗族研究的基本范式——兼论汉人宗族生成的文化机制》，《民族研究》2010年第1期。

杨圣敏：《环境与家族：塔吉克人文化的特点》，《广西民族学院学报（哲学社会科学版）》2005年第1期。

范可：《旧有的关怀、新的课题：全球化时代里的宗族组织》，《开放时代》2006年第2期。

杨善华、刘小京：《近期中国农村家族研究的若干理论问题》，《中国社会科学》2000年第5期。

王沪宁：《当代中国村落家族文化——对中国社会现代化的一项探索》，上海人民出版社1991年版。

钱杭、谢维扬：《传统与转型：江西泰和农村宗族形态——一项社会人类学的研究》，上海社会科学院出版社 1995 年版。

唐军：《仪式性的消减与事件性的加强——当代华北村落家族生长的理性化》，《中国社会科学》2000 年第 6 期。

麻国庆：《家族化公民社会的基础：家族伦理与延续的纵式社会——人类学与儒家的对话》，《学术研究》2007 年第 8 期。

杨正文：《鼓藏节仪式与苗族社会组织》，《西南民族学院学报·哲学社会科学版》，2000 年第 5 期。

张晓：《美国社会中的苗族家族组织》，《民族研究》2007 年第 6 期。

［法］皮埃尔·布尔迪厄：《实践理性：关于行为理论》，谭立德译，生活·读书·新知三联书店 2007 年版。

王朔柏、陈意新：《从血缘群到公民化：共和国时代安徽农村宗族变迁研究》，《中国社会科学》2004 年第 1 期。

庄孔韶：《金翼家族沉浮的诠释》，《广西民族学院学报（哲学社会科学版)》2004 年第 1 期。

易惠莉：《从沙船业主到官绅和文化人——近代上海本邑绅商家族史衍变的个案研究》，《学术月刊》2005 年第 4 期。

林耀华、庄孔韶：《父系家族公社形态研究》，青海人民出版社 1984 年版。

顾炜程、朱娇娇：《社会转型中农村的传播媒介与观念变迁、交往格局的关系研究——以青浦农村家庭调查为例》，《新闻大学》2007 年第 2 期。

刘精明、李路路：《阶层化：居住空间、生活方式、社会交往与阶层认同——我国城镇社会阶层化问题的实证研究》，《社会学研究》2005 年第 3 期。

苟天来、左停：《从熟人社会到弱熟人社会来自皖西山区村落人际交往关系的社会网络分析》,《社会》2009 年第 1 期。

李远行、陈俊峰:《城市居住空间分化与社区交往——基于南京市东山新区个案的实证研究》,《开放时代》2007 年第 4 期。

楚亚杰:《社会交往与手机使用:上海受众手机使用的实证研究》,《新闻大学》2010 年第 2 期。

张云武:《不同规模地区居民的人际信任与社会交往》,《社会学研究》2009 年第 4 期。

余晓燕:《HIV／AIDS 防治中的医患交往艺术——一个景颇村寨中的信任表达》,《开放时代》2010 年第 3 期。

孔海娥:《消失的"姐妹情":流动对农村女性交往的影响》,《中南民族大学学报(人文社会科学版)》2009 年第 3 期。

胡荣:《影响村民社会交往的因素分析》,《厦门大学学报(哲学社会科学版)》2005 年第 2 期。

鲁小彬:《当代中国熟人间的人际交往——对人际信任和交往法则变迁的探讨》,《中南民族大学学报(人文社会科学版)》2006 年第 1 期。

王鹏、侯钧生:《情感社会学:研究的现状与趋势》,《社会》2005 年第 4 期。

管雷:《1978 年以来我国青年择偶研究述评》,《中国青年研究》2004 年第 11 期。

费孝通:《乡土中国 生育制度》,北京大学出版社 1998 年版。

[法] 米歇尔·福柯:《性经验史(增订版)》,佘碧平译,世纪出版集团上海人民出版社 2005 年版。

[英] 安东尼·吉登斯:《亲密关系的变革——现代社会中的性、爱和爱欲》,陈永国,汪民安等译,社会科学文献出版社 2001 年版。

[美] 赫伯特·马尔库塞:《爱欲与文明——对弗洛伊德思想的哲学探讨》,黄勇,薛民译,上海译文出版社 1987 年版。

王宁：《略论情感的社会方式——情感社会学研究笔记》，《社会学研究》2000 年第 4 期。

［美］路易莎·沙因（Louisa Schein）：《贵州苗族文化复兴的动力》，杨健吾译，《贵州民族研究（季刊）》1992 年第 1 期。

王良范：《文化复兴与文化认同——黔东南苗族文化的变迁与现代转型》，《贵州工业大学学报（社会科学版）》2005 年第 2 期。

张晓：《西江苗族妇女口述史研究》，贵州人民出版社 1997 年版。

费孝通：《费孝通文集 第六卷（1949 — 1956）》，群言出版社 1999 年版。

七里桥、廖朝元：《悠悠马郎情》，《杉乡文学》2009 年第 5 期。

［法］皮埃尔·布迪厄：《单身者舞会》，姜志辉译，上海译文出版社 2009 年版。

萧凤霞：《中国纪元：背负历史行囊快速前行——评有关中国当代社会生活的三部著作》，《社会学研究》2006 年第 5 期。

唐灿、马春华、石金群：《女儿赡养的伦理与公平——浙东农村家庭代际关系的性别考察》，《社会学研究》2009 年第 6 期。

费孝通：《家庭结构变动中的老年赡养问题——再论中国家庭结构的变动》，《北京大学学报（哲学社会科学版）》1983 年第 3 期。

王跃生：《中国家庭代际关系的理论分析》，《人口研究》2008 年第 7 期。

周晓虹：《文化反哺：变迁社会中的亲子传承》，《社会学研究》2000 年第 2 期。

周怡：《代沟现象的社会学研究》，《社会学研究》1994 年第 4 期。

伍新福：《苗族文化论丛》，湖南大学出版社 1989 年版。

伍新福：《苗族文化史》，四川民族出版社 2000 年版。

李廷贵、张山、周光大：《苗族历史与文化》，中央民族大学出版社

1996 年版。

周晓虹：《冲突与认同：全球化背景下的代际关系》，《社会》2008年第 2 期。

杨菊华、李路路：《代际互动与家庭凝聚力——东亚国家和地区比较研究》，《社会学研究》2009 年第 3 期。

陆扬：《社会空间的生产——析列斐伏尔〈空间的生产〉》，《甘肃社会科学》2008 年第 5 期。

周如南：《都市冒险主义下的社会空间生产——凉山地区彝族人口的城市流动及其后果》，《开放时代》2013 年第 4 期。

彭兆荣：《后现代性与移动性：生态环境所面临的挤压——兼论旅游人类学视野中的"旅游文化"》，《河南社会科学》2007 年第 11 期。

［英］迈克·克朗：《文化地理学》，杨淑华、宋慧敏译，南京大学出版社 2003 年版。

［美］路易莎：《少数的法则》，张辉译，贵州大学出版社 2009 年版。

［美］本尼迪克特·安德森：《想象的共同体——民族主义的起源与散布》，吴叡人译，上海人民出版社 2005 年版。

二、英文文献

James E. Katz & Mark A. Aakhus（eds.），*Perpetual Contact：Mobile Communication*，*Private Talk*，*Public Performance*，Cambridge：Cambridge University Press，2004.

Mizuko Ito，Daisuke Okabe & Misa Matsuda（eds.），*Personal*，*Portable*，*Pedestrian：Mobile Phones in Japanese Life*，Cambridge：the MIT Press，2005.

Rich Ling & Per E. Pedersen（eds.），*Mobile Communications：Re-negotiation of the Social Sphere*，Surrey：Springer，2005.

George Myerson（Series editor：Richard Appignanesi），*Heidegger*, *Habermas and the Mobile Phone*，Cambridge：Icon Books Ltd，2001.

R. Silverston，"Domesticating the Revolution：Information and Communication Technologies and Everyday Life"，in PICT National Conference：European Dimensions in Information and Communication，Panacea or Pandora´s Box，Kenilworth，Warwickshire，1993.

James Stewart，"Investigating ICTs in Everyday Life：Insights from Research on the Adoption and Consumption of New ICTs in the Domestic Environment"，*Cognition Technology and Work*，Vol. 5，2003.

Louisa Schein，"Negotiating Scale：Miao Women at a Distance"，in Tim Oakes and Louisa Schein（eds.），*Translocal China：Linkages，Identities，and the Reimagining of Space*，London & New York：Routledge，2006.

Rosenberg，B. & White，D. W.（eds.），*Mass Culture：The Popular Arts in America*，New York：Macmillan，1957.

Vern Bengtson，Roseann Giarrusso，J. Beth Mabry & Merril Silverstein，"Solidarity，Conflict，and Ambivalence：Complementary or Competing Perspectives on Intergenerational Relationships？"，*Journal of Marriage and Family* 64，August 2002.

John Urry，*Mobility and Proximity*，*Sociology*，BSA Publications Ltd. Volume 36（2），2002.

Adrian Favell，"Migration，Mobility，and Globaloney：Metaphors and Rhetoric in the Sociology of Globalization"，*Global Networks* 1，4，2001.

名 词 索 引

后　记

　　准备将博士学位论文修改出版，首先报告给我的博士生导师孙秋云教授，并请孙老师做序，一来请老师给予鼓励之辞，再者是纪念我攻读博士学位的三年时光，感谢我的导师。从大学到博士研究生阶段，我在社会学一级学科下前后读了社会工作、人类学与社会学三个专业。在考硕士研究生的时候，因为英文成绩未及控制线，没有考到孙秋云教授门下。在调剂到云南民族大学的时候，我专门转入云南省民族研究所攻读人类学硕士，是想圆梦，三年后，如愿以偿入了孙老师门下。在武汉度过了三年，用同学戏谑的话来说，"与其说在武汉呆了三年，不如说在华科呆了三年，与其说在华科呆了三年，不如说在宿舍呆了三年"，大家都在用功读书。我们社会学系的人除了读书，还有实地研究。孙老师带我们去贵州省调查研究，走村串户。这本书就得益于此。经历炎炎夏日与数九寒冬，虽然挨老师训，我仍然感到快乐，快乐的时光永远是那样的转瞬即逝。

　　本书的出版同时得益于田阡教授的大力支持。在入职重庆师范大学的第二年，经师范大学社会工作系周绍宾主任的介绍，我进入田教授团队里做博士后研究工作。田教授是人类学界的冉冉升起的新星，他不仅拥有一流的学术水平，而且善于从战略高度和长远角度去建设一流团队，在重庆，田教授撑起西南人类学的一片天。紧随博士研究生阶段的研究，田教授支持我继续人类学方面的研究，一方面将文化研究的尝试进一步深入下去，选择包括贵州省在内的武陵山区作为人类学的研究区域，在流域与族群研究上下功夫；另一方面田教授指导我在社会组织方面开创研究新方向。继往开来，在田教授的规划设计下，我们几个博士后将博士学位论文修改出版，形成流域文明与族群互动研究书系，也彰显出一定的规模效应。同时在人民出版社陈登老师的大力支持下，我们的书得以顺利出版。这里衷心感谢田教授和陈老师。

感谢重庆师范大学历史与社会学院的领导和同事。沈双一教授、常云平院长支持我申请校级出版基金，积极为我推荐。入职以来，邓晓教授、周绍宾主任关心、帮助我的成长，我的同事们也相互支持、共同进步，使我以最快的速度完成角色转变，成为一名合格的教员。当然，我也感谢我的妻子，在贵州省严冬的日子里，她一直陪伴我的田野工作。我也要感谢我的同学们，在武汉相互打气的时光令人回味无穷。回想起在西江的日子，要感谢的人太多了。我的房东侯老师，最希望看到我的书，这本书但愿不会让他失望！我的"大厨"，另一位侯老师，在最关键的时刻用拿手好菜"营救"了我的胃，在西江的伙食不错！除了田野工作中的食宿问题，我还牵挂着工作过程中结识的每一位苗民！他们性格迥异，有贫有富，经历不同，却都有一颗热忱的心。或许下次我去西江，他们已经把我淡忘，可是对我而言，他们的家却历历在目，他们曾经和我聊天的情景却历久弥新！

费中正

二零一六年一月二十五日于合肥

责任编辑:陈　登

图书在版编目(CIP)数据

手机与西江苗民的生活:城乡转型发展中的文化传承/费中正 著.
　-北京:人民出版社,2016.4
ISBN 978-7-01-016076-4

Ⅰ.①手…　Ⅱ.①费…　Ⅲ.①苗族-乡村-现代化建设-研究-雷山县
②苗族-社会变迁-研究-雷山县③苗族-生活方式-研究-雷山县
Ⅳ.①F327.734②K281.6

中国版本图书馆 CIP 数据核字(2016)第 070035 号

手机与西江苗民的生活:城乡转型发展中的文化传承
SHOUJI YU XIJIANG MIAOMIN DE SHENGHUO
CHENGXIANG ZHUANXING FAZHAN ZHONG DE WENHUA CHUANCHENG

费中正　著

人民出版社 出版发行
(100706　北京市东城区隆福寺街99号)

北京汇林印务有限公司印刷　新华书店经销

2016年4月第1版　2016年4月北京第1次印刷
开本:710毫米×1000毫米 1/16　印张:15.5
字数:200千字

ISBN 978-7-01-016076-4　定价:35.00元

邮购地址 100706　北京市东城区隆福寺街99号
人民东方图书销售中心　电话 (010)65250042　65289539